翻篇

Emotional Detox
Sherianna Boyle

拔掉那根
扎在你心里的刺

〔美〕 谢里安娜
·博伊尔——著

王青——译

上海交通大学出版社
SHANGHAI JIAO TONG UNIVERSITY PRESS

图书在版编目（CIP）数据

　　翻篇：拔掉那根扎在你心里的刺．/（美）谢里安娜·博伊尔（Sherianna Boyle）著；王青译．-- 上海：上海交通大学出版社，2024.2
　　书名原文：Emotional Detox
　　ISBN 978-7-313-30006-5

　　Ⅰ．①翻… Ⅱ．①谢… ②王… Ⅲ．①心理学—通俗读物 Ⅳ．① B84

　　中国国家版本馆 CIP 数据核字（2024）第 014250 号

上海市版权局著作权合同登记号：图字：09-2023-799

EMOTIONAL DETOX: 7 Steps to Release Toxicity and Energize Joy by Sherianna Boyle, MED CAGS

翻篇：拔掉那根扎在你心里的刺
FANPIAN : BADIAO NA GEN ZHA ZAI NI XINLI DE CI

著　　者：［美］谢里安娜·博伊尔
译　　者：王　青

出版发行：上海交通大学出版社	地　　址：上海市番禺路 951 号
邮政编码：200030	电　　话：021-64071208
印　　刷：三河市宏图印务有限公司	经　　销：全国新华书店
开　　本：880 mm × 1230 mm　1 / 32	印　　张：6
字　　数：100 千字	
版　　次：2024 年 2 月第 1 版	印　　次：2024 年 2 月第 1 次印刷
书　　号：978-7-313-30006-5	
定　　价：56.00 元	

版权所有　侵权必究
告读者：如发现本书有印刷质量问题请与印刷厂质量科联系
联系电话：010-83670070

亲爱的读者：

　　如果你被这本书所吸引，并愿意花时间读这本书，意味着你正在面对自己内心的变化，你将对正在经历和即将发生的事情有不一样的体会。你可能已经厌倦了分析或逃避问题，或者你已经意识到，如果能消除恐惧、不安和怀疑，就能过上不一样的生活。通过这本书，你能慢慢体会到情绪疗愈的作用，情绪疗愈可以帮你清除那些积压在心中的负面感受，拔掉那根扎在你心里的刺。你会发现：情绪疗愈不是为了"打赢一场战争"，而是为了改变对自己的看法。只有真诚面对自己，这一切才会发生改变。

"我好像失神了……"

"比如？"心理治疗师轻轻地推了我一下。

"我好像成了自己生活的旁观者——就像陷入了一种昏迷状态，能看到、听到一切，但好像又不在自己的身体里。"

心理治疗师直视着我，说："你正在获得内在疗愈。"

也许她是对的。我的婚姻危机确实需要我进行情绪疗愈。

什么是情绪疗愈呢？情绪疗愈是一个反思的过程，在这个过程中，我们改写记忆中负面的故事、想法和情绪。情绪疗愈能让人恢复精力、理清思绪、充实内心、扫清心理障碍，并为之后收获幸福和爱奠定基础。

心理治疗师告诉我：我就是帮自己进行情绪疗愈的最佳人选。在结婚十八周年纪念日的两天后，我发现我的丈夫出轨了。那天他把手机放在了咖啡壶旁边，而我早上起床的第一件事就是煮咖啡。在那个时候我发现了他的秘密，我做梦都没有想到这样的事会发生在我身上。

"你爱她吗？"后来我问他。

"不，我爱的人是你。"他哭了，"我一直爱你，雪莉。这件事我会后悔一辈子。"

在发现丈夫的背叛之前，我就计划写一本关于情绪疗愈的书，但丈夫出轨这件事使我身心俱疲。

我开始研究创伤。当我的客户来到我的办公室，倾诉关于他们人生的不如意——分手、失业和遭遇不良关系时，我通过心理学的科学方法以及冥想、瑜伽等，对我的客户进行"七步治疗"。很多常年饱受困扰的客户都表示在几次治疗之后感受到了自己的变化。

这让我对未来更有信心，我也为自己树立了更高的目标。我曾经叩问自己的内心，我到底想要实现什么，而现在，我已经找到了答案。

面对挑战，我们通常有两个选择：忍受痛苦或治愈伤痕。在我看来，选择治愈就是选择快乐。快乐会让我们感到身心轻松、呼吸顺畅。快乐本身无处不在，然而挫折、不幸、恐惧、焦虑、不健康的关系和过去的经历却可以影响我们收获快乐。

　　情绪并非毒药，我们的消极反应才如同毒药。情绪是天然存在的，而我们的反应则是后天习得的。没有人是带着否认、内疚、怀疑这样的负面反应来到这个世界的。每个人都希望与快乐同在，但如果我们心怀恐惧，就很难感受到快乐。没有快乐，我们会像行尸走肉一样。随着时间的推移，这种状态会摧毁我们的神经，影响我们的健康。

　　我们很容易在各类负面反应中忽视对心灵的滋养。

　　我希望这本书能帮你不再解剖、贬低或批评自己的感受。我希望你爱上自己的情绪，不仅仅是那些让你快乐的情绪。大胆释放情绪的能量，勇敢地拥抱自己的人生。

谢里安娜·博伊尔

第三部分　做自己快乐的守护者

第一部分

你为什么总是走不出自我伤害的死胡同

翻 篇
拔掉那根扎在你心里的刺

新闻总会提示我们生活中出现了哪些有害物质，但情感上的有害物质总是容易被我们忽视。

你是压迫自己的元凶

人生的目的是什么？那就是快乐。

——佐伊·玛莱博士

如果你常对自己说："今天（或者是这周，或者是这个月）实在是糟透了！"那么，你尤其适合读这本书！不好的食物会消耗我们的能量，被过度处理的情绪同样会影响我们的健康。就像糖类替代品会欺骗我们的身体，让我们的身体以为自己摄入了糖分，生活中的情感反应也会欺骗我们的身体。

情绪疗愈并非让你把那些带给你伤害、痛苦、内疚、悲伤的情绪简单地排外。

我也曾不顾一切地想要摆脱痛苦，想要让我的丈夫为他的错误付出代价，与他的出轨对象当面对质。但我的内心深处有个声音告诉我，愤怒只会带来更多伤害。

所有的情绪都是有价值的，包括那些痛苦的情绪。忽略或是推开这些负面情绪的做法不可取。

我的客户珍妮曾接受过多年的心理治疗，她给自己施加了巨大的压力，这让她透不过气来。当她找到我时，我看着她的眼睛对她说："珍妮，你所说的这一切其实都不是真实的，而是你的幻觉。你要试着去真正用心体会自己的感觉。"我接着说："我明白你此刻的沮丧，我也会有这些感觉，但你可以好好利用这些体验。你可以尝试在痛苦之外反思并领悟一些好的东西。"

这就是为什么我开始关注情绪疗愈，用一种新的方式体验生活。无论是你经历了创伤需要疗愈，还是希望在生活中创造更多的积极经历，情绪疗愈都会对你有所帮助。

如何判断自己需要进行情绪疗愈

如果你发现自己不懂得如何拒绝，或者总是试图解决所有人的问题，那么你将通过情绪疗愈受益。如果你发现自己正处于一个艰难时刻，那么你同样应该考虑进行情绪疗愈。

如果你出现下列情形，那么你可能需要进行情感疗愈：

· 总是容易分心，很难集中注意力。

· 对未来感到担心或害怕。

· 消瘦或超重。

· 暴食或厌食。

· 财务出现危机。

· 经常受到来自人际关系的困扰。

· 无法对自己和他人坦诚相待。

· 刻意避开某些人或某个地方。

· 长时间独处。

· 不肯正视自己的直觉。

· 对很多事情感到不知所措。

· 想要背叛自己的婚姻或者已经这么做了。

· 想要通过放荡的恶习逃避生活压力。

- 沉迷于过往不肯正视现实。

- 不敢为自己争取权利。

- 不信任自己的选择。

- 感觉停滞不前或失去了生活重心。

- 经常被他人的意见影响。

- 忍不住与别人攀比并且因此陷入自卑。

- 感到自己的努力没有得到回报。

还有一些身体症状，如：

- 难以入睡。

- 长期处于紧张状态。

- 头痛。

- 容易过敏。

- 疾病或疼痛。

通过情绪疗愈我们希望实现以下目的：

- 更好地了解自己，改善自己与他人的关系。

- 放下过去。

- 走出过去的阴影。

· 找到目标，对抗孤独和衰老。

· 学会专注于现在。

你将从这段旅程收获什么

你将学会如何消化自己的感觉，意识到情绪疗愈绝不仅仅是表达。

当你听到一位妈妈抱怨自己睡眠不足时，如果你也恰巧为人父母，你会把自己和这种感受关联起来，然后你们会开始讨论睡眠不足的问题。如果你因为无法帮助这位妈妈解决问题而感到愧疚，就是一种典型的关联情绪。

情绪疗愈将引导我们消化情绪，而不是对情绪做出负面反应。当我们消化完全部的情绪，我们对他人的同理心可能会得到提高，也不会进入反应状态。我们可以关心他人，并不会因此让自己陷入负面的感受中。

你可以不必这样做

就像坚持健身一样，情绪疗愈也是一种生活方式。选择情绪疗愈的人会有意识地去消化、治愈情绪，而不是先对情绪做出反应。你可以选择先消化情绪（又做反应），其他人可以选择直接对情绪做出反应，这都是个人选择，我们必须尊重彼此的方式。

不同的人处理情绪需要的时间长短不同，通常我们需要 90 天来改变我们的习惯。在这段时间内我们应避免以下情况：

· 服食含酒精、咖啡因或其他影响情绪的物质。

· 服食非处方药。

· 换工作或搬家。

· 沉迷互联网和社交媒体。

· 服食高盐、高糖的食品和饮料。

· 服食碳酸饮料（它们会阻碍消化）。

· 在深夜进食（这会扰乱睡眠）。

· 沉迷于过载的网络信息。

减少参与以上事项有助于帮你消化你的原始情感。

学会认识什么是未加工的情绪

如果你对比一下从农贸市场买来的新鲜胡萝卜和从杂货店买来的冷冻胡萝卜，你就会发现后者在加工过程中有时会被添加一些化学物质，并且营养价值和口感远不如新鲜的胡萝卜。

情绪也是如此。未加工的情绪是指未被恐惧和焦虑所过滤的、纯粹的情感。我们总是倾向于采取过度处理的方式，包括思考、分析和防御来对待我们的情绪。适度处理情绪有助于我们更好地发挥个人特质，但是过度处理会让我们感到不安、沮丧和绝望。

未加工的情绪（增加能量）	过度处理情绪（消耗能量）
感受	思考
了解	筹划
观察	反应
同情	批评
关注	分心
接纳	分析

情绪疗愈可以帮我们改善与他人的关系。大多数人都渴望在生活中获得更有意义的人际关系。如果你缺少足够的能量，就很可能在这当中被消耗。但只要我们从心态上做出改变，就能解决这个问题。比如：

你要学会听从自己的理性而不是放任自己的感觉。如果你给某人发信息，对方却没有回复，你很容易转向分析对方这么做的原因。这类分析会让你感到你的能量被消耗了。

走正确的路而非弯路

情绪疗愈是一个机会，疗愈更关注治疗过程，而非结果。

人们可能会过度处理自己的情绪。如果你有过发誓戒掉糖果后又忍不住吃一块蛋糕的经历，你就能很好地理解这一点。

这些情况会让我们怀疑自己的能力，让我们在潜意识中认定无论多努力地试图避免、阻止或改变什么，该来的都会来。我们很容易在早高峰的拥堵中，在和亲人的谈论中，或者在加班的时候被卷入被放大的情绪中。

你如何看待情绪疗愈？你如何对待自己的情绪？你是否认为处理情绪是痛苦的？你是否认为处理情绪超出了自己的能力范围？如果你认为我们应该避免不良情绪的产生，那么我可以理解为你选择拒绝消化情绪的做法。有的人会选择通过隔离不良情绪、隐藏事物的真相来保持强大，就像他们选择通过酒精和娱乐节目麻痹自己。当遭遇婚姻困境的时候，我也曾设置障碍来控制痛苦，但正是这段经历让我发觉这样做是没用的。

当我们开始疗愈的时候，我们很难知道一切将会在哪里结束。可能你已经习惯于掌控自己的生活，即便眼前可能有一些事已经远超你的控制。我的经验是，我在疗愈过程中学会承认自己的无知，学会承认我所拥有的"控制"其实是一种幻觉。学会接受未知，能帮你通过一种更自然的方式摆脱忧虑和焦虑。

坚持到底

一旦你开始尝试情绪疗愈，你的日常生活就会发生微妙的改变。你会发现，当你沉溺于过去，让思绪成为脱缰之野马时，强烈的情绪会再次伤害你。七步疗愈法将引导你处理那些让你不知所措的负面情绪，而不是放任它们，以至于等到事情失去控制时只能做出草率的决定。

情绪疗愈需要你有信念和拥抱未知的勇气。在这个过程中，你会变得更强大。在拥抱未知的过程中，你可能会遇到挫折，你可能会产生怀疑。要知道，怀疑是一种反应，而不是一种情绪。当怀疑出现，你要明白自己正在应对情绪而不是经历情绪。当这种情况发生时（这种情况一定会发生），你不妨先停下来，深呼吸，七步疗愈法会引导你回归平静。

受到挑战

他人的期待可能会干扰你的情绪疗愈进程。很多人会把自己的意见强加于你，他们还有可能质疑你的判断。如果无法意识到这一点，你可能会在他人的压迫下动摇并且放弃情绪疗愈。

大多数人并不会提前制定一个情绪疗愈的计划，很多事都是在毫无预兆的情况下发生，比如离婚、患病、事故、死亡、失业。但这并不意味着你不能有意识地疗愈自己。正如我们在减重的过程中会避免食用高糖和含防腐剂的食物，我们的皮肤状况会随之得到改善。情绪疗愈的作用也一样，在消除愤怒和恐惧的过程中，我们会重拾信心、恢复力量。

通过情绪疗愈，我们能清醒地面对真实生活。当我们面对人生挫折，你可以选择消化它，与自我重新建立连接。

用"盐水浴"清洁自我

　　如果你很容易陷入消极情绪，或正处于压力之下，可以考虑泡 10 分钟以上的盐水浴（也可以考虑足浴）。想象一下，你正被海水拥抱，身体得到了彻底的净化。在泡浴的时候闭上眼睛，配合深呼吸，能有效帮你消除身心压力。

∨ ∨
∨

开启情绪疗愈，开启无限可能

　　情绪疗愈有助于激活你的免疫系统，让你拥有更年轻的心态和身体。当你能慢慢消化自己的情绪，你面部和身体的紧张感也会随之减少。你可以松弛下来并以一种更加灵活的方式看待事物。

　　七步疗愈法教我们如何接纳自己的感受，拥抱自己的情绪而不是被情绪吞噬。

　　在本章中，你将学习如何通过情绪疗愈提升自己的能量，满足自己的需求，感受消化负面情绪时会发生什么。

七步疗愈法的成就与收获

最初我是想要帮助自己和我的客户，随后好的结果开始显现。我的丈夫和孩子们出乎意料地变得成熟，我的客户取得了巨大的进步，七步疗愈法给所有人带来洞察力和希望。

从情绪中获得能量

一旦你能从情绪处理中获得能量，生活就会变得简单。当你开始把自己视为一个创造者，任何类型的创造都会增加你的能量。

情绪疗愈意味着当我们能把情绪和反应隔开时，我们可以从情绪中吸收能量。情绪疗愈能帮我们提高我们的自我意识，帮我们获得更多能量。

我们已经习惯从外部获得能量，比如食物、水、咖啡因、糖、赞美、地位和金钱。然而，这种能量不会持续太久。升职加薪可以提升我们的情绪状态，然而在这个过程中，我们会被过度加工的情绪侵害，我们会感到失落、沮丧和不满足。

　　我有个客户，他因同室友不和搬离了原来的公寓，但在那之后，他总是会在短暂的好转之后再次陷入和邻居相处困难的怪圈。其实这些迹象能够表明，他并没从第一次搬家所产生的负面情绪中被治愈。因此，我建议他尝试七步疗愈法。

　　学会在处理情绪的过程中得到能量，你就能变得更加自信、警觉，整个人也可以得到放松，所处的环境也会趋于稳定，你将能创造自己想要的生活。

方法比你想得更简单

　　你要停止把你的感受贴上标签。当我们感到焦虑的时候，我们会编造不存在的故事。比如，我们用过度工作和不被重视来合理化我们的消极反应。虽然这当中可能有部分原因是真实的，但消极情绪背后的真正原因往往是因为你在压抑自己的感受。在这种时候，我们往往很难分辨哪些是我们内心的感受，哪些是我们的想法。一个人在吃得过饱之后会感到腹胀和不适，反复处理自己的情绪也会导致相同的恶果。我们因此不再关注情绪处理，而是变得更具防御性。

允许一切发生

本书将帮你明确"被动接受"和"主动接纳"的区别。我们很容易被动接受，但并不容易主动接纳。"被动接受"的意思是让我们把注意力放到那些我们不愿意接受的东西上（比如痛苦和伤害）。"主动接纳"意味着我们允许一切发生。这是两种截然不同的感受。

被动接受	主动接纳
增加焦虑感	促进身心平静
无法做到真正释怀，主动忽视过去发生的事	关注当下
消耗能量	积聚能量
管理情绪	处理情绪
推开	接纳
非自然	自然

你很难让别人刻意忽略一个可怕的经历。这就是为什么我们总是很难真的接受发生了什么，除非你能做到主动接纳，允许一切发生。

在婚姻遭遇危机，我承受痛苦几个月后的一天，我穿戴整齐准备和丈夫出去吃饭，当看到他神清气爽地走进房间时，我一下就哭了起来。他看着我说："别这样，让我们出去放松一下，好吗？"通过七步疗愈法，我学会了允许一切发生，我的内心得到了平复。

和你的心对话

你可能会在反复处理自己的情绪中丧失自我，从而说出违背内心的话，做出违背内心的事。

我们倾向于按照社会划分标准来为彼此贴标签，比如年龄、性别、种族、职业或社会经济地位等。然而这并非我们本心的选择。当我们习惯于用外物来定义我们，我们正离自己的本心越来越远。

当我开始疗愈的时候，我才发现，事情的结果其实取决于我能否成为我自己。在婚姻遭到意外之前，我曾有几次对我们的关系陷入了怀疑，但我总是选择努力说服自己，让自己相信只要我更加努力地工作，为我们的孩子做更多的事，一切都会改变。我选择忽视自己的直觉，后来我明白这是因为在潜意识中，我害怕自己可能会发现一些不想发现的东西。

学会正确满足自己

我曾无数次地把自己的真实想法咽到肚子里，把别人的需要放在第一位。我曾认为，因为丈夫能为这个家庭创造更多的财富，他就应该比我享受更多的休闲时光。而婚姻的不幸经历让我意识到，我习惯于把自己的价值和丈夫对我的看法画了等号。七步疗愈法教会我如何建立自尊。

很多时候，我们往往选择忽视自己的真实需求。当你开始尝试七步疗愈法时，你会发现需求和欲望本身没有绝对的对错。七步疗愈法不仅能给你勇气去追求自己想要的东西，还能帮助你获得认可、支持、爱和仁慈。

不用减法损耗你的内心能量

我们很容易在节食减重的过程中失败，因为在节食时我们只关注了体重数字的变化，而忽略了减重的过程。七步疗愈法是一种情感疗愈，而不是一种情感节食。自然的食物优于加工食品，自然的情绪也是。如果你将营养丰富的新鲜食物拒之门外，那是因为你已经习惯了加工食品。

我选择忽视我的饥饿感来节食，却因为迷恋奶酪的味道而摄入过多奶酪。通过七步疗愈法，我学会了如何放慢进食速度，体会消化食物的感觉。这帮我看到我是如何选择忽视我在这段婚姻中的不安，而过度处理的情绪又如同奶酪一样危害了我的身体健康。

情绪疗愈可以帮助我们维持健康的体重。因为七步疗愈法可以帮你和食物建立一种积极的关系，如果你恰恰属于通过无意识的饮食或摄入卡路里对情绪做出反应的人的话。暴饮暴食会让你摄入大量的有害物质，并削弱你的控制力。情绪疗愈可以提高你的自我意识，让你做出更符合自己目标的选择。

治愈你的身体

坎迪斯·珀特教授曾说：身体就是无意识的心灵。创伤会导致负面情绪带来的压力在我们身体内堆积，进而影响我们的感知能力。很多人都有在锻炼中感到某处身体活动受限的经历，比如有的人肩膀僵硬，有的人臀部非常紧绷，这背后的原因有很多，然而当这些人开始进行七步疗愈法，他们的身体感受也有了积极的转变。

皮肤，不可忽视的重要器官

得知丈夫出轨后，某一天早上，我被镜子里的自己吓了一跳。我看起来像一下子老了二十几岁，皮肤变得干瘪，布满粗糙的皱纹。于是，我深刻意识到，过度处理情绪会让问题在身体上显现。

皮肤是人体的器官，我们在照镜子的时候最先观察到的就是自己的皮肤状态。因此当我们满腔怒火、心怀内疚，或被生活压得喘不过气时，身边的人可以通过我们的外在状态看出我们当时的心境。情绪疗愈能帮我们的身体消除这种负拒，会让我们感到更灵活、更年轻。

核心力量

身体的核心力量也影响着我们对情绪的处理能力。核心力量与我们的脊柱相连，脊柱是我们处理情绪的能量主干道。坎迪斯·珀特在他的研究中表示：神经肽作为情感产生的生物基础，不仅存在于脊柱两侧的脊神经中，也存在于末梢器官中。想要有一个健康的脊柱，你必须有一个强壮、健康、平衡的核心肌群。所以说，情绪疗愈的好处之一就是能帮你强化核心力量。

七步疗愈法可以帮你调整呼吸、脊柱和体态。健康的体态可以帮你更好地促进情绪的消化，帮你释放压力，强化你的核心力量，进而帮你提升处理情绪的能力。

如何消化有害物质

作家兼治疗师迪帕克·乔普拉曾说："如果我们不在疼痛发生的时候处理它，它可能变成日后的隐患，通过失眠、愤怒、恐惧和焦虑等形式表现出来。如果你不知道如何处理愤怒或恐惧，你很可能会转向自我攻击，并让这种负罪感耗尽你的能量，直到你完全丧失主动或行动的能力。我们因此感到精疲力竭，最终走向抑郁。"

我有一位客户，他无数次表示自己想要尽快找到工作，重新出人头地，但别人越是鼓励他，他就越没有动力。通过七步疗法，我发现缺爱造成的孤立感，是他退缩或拖延的一个真正原因。这位客户让我对心身力量有了更深的洞察。

当有害的情绪无法被消解时，身体被迫通过展现某种症状来应对不受重视的情绪。例如，喉咙痛可能是因为你在抑制自己的真实感受，出现皮疹可能是因为你有难以排解的愤怒，头疼可能是由于你的自我批评与恐惧。但无论你患有哪种疾病，情绪疗愈是医疗或非医疗形式治疗的极好补充。一旦你的不良情绪被消解，你甚至可能会发现自己的医疗计划也随之发生变化。

通过"摄入水分"来清洁身体

据美国国家医学图书馆（隶属于美国国立卫生研究院）有

关人员称，增加水的摄入量，会显著改善我们的情绪和生理官能感受。我们体验情绪活动，了解自身疗愈反应靠的就是我们的生理官能。

∨∨∨

如何告别负面情绪

转变往往源于未知而非已知。

——理查德·卢尔

　　任何身体外部表征都是内在情绪的映射，哪怕你有意识地选择忽略。婚姻亮红灯期间，我一直努力说服自己一切都处于正轨。我欺骗自己正过着一直以来梦寐以求的生活，并选择有意识地忽略与丈夫相处时的不安，忽略日趋紧张的家庭气氛。我把这一切归咎于孩子处于叛逆期，多年的婚姻让生活趋于平淡。我曾认为大家的生活都是如此。事实上，我错了。

当时的我还不知道，我的不安和紧张正是因为我在压抑我的情绪，而这些是我早就应该从身体里赶走的。

抗拒

抗拒就像一座截水大坝，只不过这里截住的是情绪。导致有害物质产生的不是恐惧、紧张和悲伤本身，而是我们对于这些不良情绪的下意识回避。抗拒会让我们失去能量，而责怪是导致这一切发生的罪魁祸首。当我们开始责怪自己的感受、处境、他人抑或是某事时，我们不是在消除不良情绪，而是在强化它们。也就是说，榨干我们的并非不良情绪本身，而是抗拒处理这些情绪。

过度处理不良情绪同样根源于抗拒，比如触发旧伤疤、离群索居、过于依恋等等。一旦学会如何清除抗拒情绪，这些症状会自然缓解，同时信念、正常的思维、自然的情绪也会随之而来。接下来要做的就是如何通过七步疗愈法战胜抗拒。我们不妨先放慢脚步，深呼吸，想想抗拒主要表现为哪些形式。

身体炎症

抗拒的消极后果中最常见的表现形式是身体炎症。经历过神经紧绷、脖子僵硬、头痛或背部拉伤的人，一定知道那种滋味。抗拒会导致压力值飙升，就我个人而言，表现为背部疼痛。回首往事，我明白，我的身体其实已对有毒的外部环境做出了反应。

我们大多数人接受的教育是压抑或推开不良感受，从而忽视身体反应，这是一种不健康的压力处理方式。

在外人看来，坦娅（我的一位小客户）和她的母亲关系很好，并享受彼此的陪伴。但当我要坦娅设想一个与母亲很不愉快的谈话场景时，她当即表示自己的身体开始紧绷，喉咙像是被堵住了，这种紧张感开始蔓延至全身。

仅仅一个假想的场景就让坦娅的身体有了不自然的反应，这让她吃惊不已。这也给了她一个机会察觉自己的紧张。在经历了情感疗愈之后，她的紧张情况有所改善，她对妈妈也表现出了更多的包容。通过我们的合作，坦娅对自己有了更深的了解。

关注身体的紧张度是情绪疗愈的一个重要部分，以下是身

体表现出抗拒时的一些迹象和症状:

- 胸腔紧绷。

- 戒备心强。

- 屏住呼吸。

- 喉部有堵塞感。

- 感觉自己长期处于某种压力中

- 背痛。

- 肩颈肌肉紧张。

- 呼吸浅而急促。

- 瞪大眼睛。

触发性创伤

触发性创伤源于深埋心底的一些记忆片段。如爱人的去世。很多时候,我们的大脑对这件事的记忆已经模糊了,但这件事带来的伤痛却没有被完全消解,我们的身体会在创伤中提取"创伤因子"。格雷格·亨利克斯博士在《今日心理学》一书中写道:"没有被妥善处理的负面情绪长期处于体内,在累积到一个临界点后会被触发并失控。"

就在我以为一切都在好转时，一个意外打破了我的幻想。有一天，我的丈夫去探望他母亲，而我恰巧看了一部浪漫的言情片。这部电影让我开始想象丈夫回到了他出轨对象身边。我的整个身体像一团火球，我的脑海里燃烧着愤怒而可怕的想法。

48个小时后我才渐渐平静下来。这就是被触发的创伤的威力：它扰乱你的思想，扰乱你的生活，使你感到不安全。当你消除被触发的创伤时，许多由它引起的表征（例如心率加快、紧张、不信任感）也会消除。可以消除的触发因素不仅包括个体过去亲历的触发因素，还包括可能继承的任何东西。正如我们所知，科学现在证明了这些反应（如愤怒、抑郁等）可以通过 DNA 传递。

断开

如果采取切断情绪的方式处理自己的情绪，你可能会收获平静。但这也会让你与情绪的联系逐渐减弱。

这会导致防御性行为，比如表现得不在乎、放弃、让步，或者说一些言不由衷的话。这些反应说明你正在过度处理情绪，你可能看起来很坚强，但内心深处实则伤痕累累，心怀恐惧。

我的客户麦克斯在膝盖受伤和失业两大困难重叠的时期，不仅没有和妻子分享他的不安全感和恐惧，反而把家里的事都甩手给妻子。这给他们的婚姻带来了危机，让他们彼此疏远、心怀怨恨。妻子试图向他袒露心扉，但发现丈夫完全不考虑自己的情绪，更遑论顾及她的感情了。

当我们试图切断自己的感受时，我们以为这有助于帮自己面对最糟糕的情形，但问题是，这会造成社交孤立，让你同时远离快乐和爱。我们应该采取疗愈的方法，而不是简单粗暴地选择切断。

如果你过度克制你的想法，就有可能把自己封闭起来。就像"溜溜球节食"一样——第一天努力节食，第二天又开始胡吃海喝。这会破坏你的情绪健康。

很多人都有"先做完这件事"再处理自己的情绪的倾向，我也曾经这样。我总认为自己要先做完眼前的事，比如做完晚饭、安顿好孩子、减肥之后再来处理自己的情绪。情感疗愈有助于帮你放弃这种旧的生活方式。

别让过度依恋限制你的能量

如果你过分关注某些事，并对此抱有很高的期望，你就会产生依恋。这可能会导致你认为自己无法摆脱困境，让你在情绪反应中原地打转。当我们摄入过多的盐分时，我们的身体会感到臃肿和不舒服。当我们过度依恋时，我们很难前进，只会不停抱怨自己处境糟糕。

我曾经和一个患有静脉曲张的客户合作过。她的腿和脚踝肿胀到对她的形态产生了负面影响。当我开始了解她的家庭时，我发现她优越的家庭也为她带来枷锁，她说："在我的家庭里，做事情只有一种方法，你必须这样做，否则就错了。"

她和她的家庭成员为自己优越的家庭感到骄傲，但维持家庭期望又给他们带来压力，这反过来导致她不得不后退或逃避，也就是过度处理她的情绪。如果你能戒除依恋，你的行为倾向会随之改变，你愿意专注于成长（不管是好是坏），而非结果。当你有以下倾向时，你可能要多加注意：

· 取悦于人。

· 同情心泛滥。

· 需要不断地保证。

· 强烈的情绪（如仇恨）引起的高度紧张。

· 努力做到完美。

· 寻求他人认同。

被吸收的情绪

你可以吸收别人的情感能量。如果你是父母或看护人，应对你的孩子或宠物的悲伤往往比应对你自己的情绪更具挑战性。通过情绪疗愈，你可以在情绪处理上变得游刃有余，提升与他人交往的能力，而不需要付出过度处理情绪的代价，如精神疲惫等。

在我对自己进行情绪疗愈时，我发现我不仅在和自己的情绪搏斗，也在吸收对方的情感，感受对方对我的影响。

无论你是在排出被自己过度处理的情绪，还是从别人那里吸收的情绪，其过程都是一样的。你都可以用七步疗愈法来解决。

了解你的情绪应对模式

模式是一个人想法和行为的综合，体现在我们所有的关系中。

要改变一个在生活中根深蒂固的模式（在某些情况下，通过遗传学，这种模式会持续更长时间），你必须选择一种在身体上和时间上均有效的策略。提升意识水平并将其转变为能量是实现路径之一。

我们先来了解下应对情绪记忆的几种情况，人们通常会采用以下五种模式。

（1）眼神游离：感到无法集中注意力，感到自己的潜意识被困在一个模式里（一种看待情况的方式）。

（2）成为中间人：你发现自己在为别人传递信息，而不是让他们直接对话。

（3）找借口：你经常为自己和他人找借口。

（4）放弃需求：你很快就会放弃自己的需求，接受别人的情绪和需求并控制自己的不适。

（5）躲避：对自己的真实感受守口如瓶，并从事消极的活动。

模式反映了你对情绪记忆的反应。根据科学家兼作家坎迪斯·珀特的说法，你的情绪储存在你整个大脑和身体（包括你的皮肤、腺体、肌肉等组织和器官，甚至细胞的记忆中）。她把这种情绪存储系统称为"身心"。释放情绪的关键是让意识自由地流动，不要对情绪评头论足或感到羞耻。所有未表达的情绪在被允许表达时都是好的。

你要警惕以下情感：

· 感觉自己是个负担。

· 相互依赖。

· 认为自己没有价值。

· 情感债。

· 害怕失去。

· 认为自己已经崩溃或处于病中。

· 感到被抛弃。

· 对别人充满挑剔。

当你开始情绪疗愈，你的感受会发生这样的转换：

· 你会从对生活充满怀疑变得对生活充满渴望。

· 你会从想要控制一切变得对自己、对生活充满同情和理解。

· 你会从情绪中获得更多能量而非消耗。

· 你会摆脱固定刻板模式的困扰给自己更多可能性。

· 你会从急于否定一切的封闭心态变得更能允许一切发生。

· 你会从自我设限变得更加着眼于未来。

用想象力清洁你的内心

我们可以通过练习想象的方式清洁我们的心。想象一下：你走进一个池塘，水环绕着你的脚踝；你正赤脚在温暖柔软的沙滩上行走，阳光照在你的背上。

让自己的身心都投入想象当中，通过练习想象，让自己的身体做好接受疗愈的准备。

∨
∨∨

你的情绪从不需要精加工

快乐与和平是我的遗产。

——电影《心灵之旅》台词

我们的思维方式会影响我们进行情绪疗愈的效果。你越是了解正在发生的事情，越是了解你的情绪的运作方式，你就越能拿到成果。

我们可能都有过这样的经历，当我们急着去某个地方，到达后却发现自己不仅记错了时间还拿错了东西。在刚知道丈夫有外遇的那段时间，我总是忘了自己为什么要去杂货店，走进杂货店就已经耗尽了全部精力。而这其实是因为我过度处理了我的情绪。过度处理意味着我们付出了大量的努力（精力），却没有得到回报。就像一顿被搞砸的晚餐：我们花费了大量的时间和精力，却不欢而散。于是我们开始认为别人是在针对自己或质疑自己的生活（这份工作值得吗？我应该保持这种关系吗？）。

我深信"当你精力不足时，永远不要做决定"。因为这时候你并没有能力真正处理自己的情绪。我们的情绪通过认知和注意力影响我们的身体感官，也通过我们的意识和潜意识得到处理。

有意识的头脑

我们的意识帮助我们确定某件事是否是潜在的威胁，帮助我们区分喜欢与不喜欢。从菜单中选出食物、规划到餐馆的最佳路线都需要我们使用意识。我们的意识可以让大脑整理出每天遇到的各种可能性和陷阱，比如确保我们能准时上班，或者为赴晚宴拿点礼物。

所有的"思考"都会消耗能量。当我们失去能量后，我们处理情绪的能力就会减弱，我们会变得不那么专注，或者陷入被动，甚至感到意识脱离了身体。在这种情况下，我们的情绪不可能仅仅被我们的思想（思考、交谈）所刺激。身体是潜意识的持有者。

理解你的潜意识

现代科学业已认同，我们可以通过引导我们的意识来影响潜意识以及它对我们的作用。如果我们把注意力集中在我们可能遇到的问题、债务、麻烦或混乱上，那么我们就在训练身体相信这些麻烦正在发生。

我们都希望拥有一段健康的关系、拥有更多自由和乐趣，但潜意识总会训练我们向恐惧低头。我们应该把更多的注意力放在我们的反应上，而不是处理情绪上。未经消化的感受不会自行消失，它们会被储存起来。这就是为什么当你专注于问题或恐惧时，你可能感到紧张或胃痛。

悉尼新南威尔士大学的心理学家理查德·A.布莱恩特和他的同事在2011年曾做过这样一项研究，他们将参与者分为两组，要求第一组在睡觉前抑制不必要的想法，而第二组无须这样做。实验结果表明，那些试图抑制想法的人做了更多的梦，这种现象被称为"梦的反弹"。这说明了抑制消极情绪会导致很多不良后果，比如情绪化的进食或昏睡。

当我们消化情绪时，情绪会携带巨大的能量。我们的反应让我们把情绪分为积极和消极。只有当我们能完整接受情绪时，我们才开始把它们看作是快乐和幸福的源泉。一旦你通过七步疗愈法接纳情绪，你就能真正地释放那些情绪，感受到真正完整、自由的生活。

一开始，我很难在疗愈期间进行社交。别人会问我做得怎么样，我只能给出肤浅的答案。当我发现我很难进入状态，并开始拖拖拉拉地讲故事时，我会通过日记记录下来。然后我会重新开始七步疗愈法的第一步，出去走走，来缓和反应性。

躲避

在情绪疗愈之前，我经常在婚姻中的某些时刻感到窒息。当丈夫告诉我他要出差，我感到谢天谢地。我忍不住将他的焦虑和沮丧解读成我配不上他，后来我才明白，他也是这样解读我的焦虑和沮丧的。

当我开始尝试七步疗愈法时，这一切都改变了。每当我过度处理自己的情绪时，我都开始尝试把它转变成一种更健康的交流方式。

如果你渴望放松，经常在某些时刻不自觉地屏住呼吸或想要逃避，那么你可能是在过度加工和躲避你的情绪。有的人会认为躲避是一种阻止自己过度加工情绪的方法，但事实并非如此。当你通过忽视、疏远、饮酒、购物等行为来躲避他人、谈话或冲突时，你的情绪都会被过度处理，因为你的身体必须动用更多的能量来阻止这些情绪，而所有这些行为都会在我们体内设置无形的能量屏障。这使我们变得麻痹或者紧张。当你有了以下表现，可能正在过度处理（或者躲避）你的情绪：

- 抱怨。

- 讽刺。

- 担心。

- 期望其他人知道他们想要和需要什么。

- 总是想要争辩和为自己辩护。

· 重新审视过去

· 让自己过于忙碌。

· 抱有一种"你最近为我做了什么？"的心态。

创伤

我们经常因为创伤而过度处理情绪。当你的身体经历强烈的情绪时，这些经历（当其没有被消化时）会被内化成情绪记忆，并被储存在你身体中。

我的一个客户汤姆总对自己缺乏信心。在和他深入确认他总是感到缺乏信心的原因时，我发现原来他有一个姐姐在他出生前就死了，他的母亲在痛失爱女后心烦意乱，曾三次流产。最终，汤姆出生在这个家庭。但由于母亲一直未能化解内心的悲痛，汤姆很难与她真正沟通，也无法相信自己的感情。

我常常听到这类故事，处理创伤能让我们了解发生在潜意识里的事情的根本原因。和那些说出来的内容相比较，我更关心他们没说的，以及他们的直觉。

抚平过去的创伤需要成为情感疗愈的一部分。作家马克·沃林在他的《这一切不是从你开始的》一书中这样说道：

"无论我们是在子宫中就继承了父母的情感，在我们与母亲的早期互动中被影响，还是我们通过无意识的忠诚或显性遗传的方式来分享这些情感，相同的是生活总是让我们带着一些过去没有解决的事情走向未来。"前面提到的汤姆其实就走进了一个封闭自我的模式。他参加了一个瑜伽老师培训课程，却向老师否定了他想要教授他人瑜伽的目的，这是因为他害怕失败，他不想让老师和同学知道这一点，因为怕失败带来难堪。

通过这个例子，我向汤姆展示了为什么他的创伤总是在影响他的生活，因为他总是放弃全力以赴解决问题。

你必须全力以赴去解决，否则你只是在寻求安慰。如果有人和你说"你可以做到"，却不尊重你过去的创伤，这些安慰之词没有任何帮助，因为你的抑制情绪消耗了你的能量，进而导致你的能力进一步被弱化。

感受能量流动

过度关注我们没有的事物，会导致我们过度处理情绪。

过度思考会让我们把每件事当作一场战争。我们做得虽多，却丧失了和能量的联系。当我们陷入困境时，我们更有可能吸引那些同样过度处理自己情绪的人。好消息是，当我们选择与最原始的情感相连接，就会从那个模式中脱离出来。

当我们从原始情感中获得能量时，我们会感到更轻松、更专注。当我们过度处理自己的情绪时，我们会感到迟钝，这可能会带来意想不到的困难。比如当感觉麻木或迟钝时，我们会变得对噪声过于敏感，不仅是环境中的噪声，还包括头脑中的喋喋不休。过度处理的情绪让我们像抗拒头痛一样，把世界拒之门外。反之，适度处理情绪给我们提供了一种方法，让我们能在不过多消耗能量的情况下面对现实，使能量流动起来。

我们的身体可以通过饮食和睡眠来自行疗愈。你不一定要教身体一些新的东西，而是可以试着扩展它的能力。

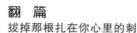

过度处理情绪	适度处理情绪
感到思维被卡住	与最原始的情感相链接
感觉迟钝	情感丰富
将世界拒之门外	接受世界，但又不损失能量

当你的身体全神贯注于控制你的情绪时，你的能量就会被消耗。那些困扰你的事情（朋友、工作等）带来的紧张会一点点消耗你所拥有的精力，并将其转化为新的困扰你的事情，让你承担更多的痛苦。当我们感受到失去、不值得、失败和羞耻时，我们不仅因为这段经历而承担痛苦，还因为过度处理情绪而拒绝了疗愈，从而让自己转向更糟糕的处境。

感知它，接受它

有的人习惯在家里大喊大叫，或者保持沉默，或偶尔通过尖酸刻薄的言论或笑话来表现出被动的攻击性，这就是过度处理情绪对家庭的影响。每个人都有可能过度处理自己的情绪，再通过不同的方式表现出来。

很多人会误以为自己这么做是在控制局势。父母可能会对孩子大喊大叫，兄长可能会威胁一个弟弟让他不要再打扰自己。这些负面的行为会感染我们的情绪，让身体和思想因过度处理情绪而难受，让我们感到狂怒或羞耻。

下面是容易激发我们过度处理自己情绪的示例：

· 因与他人意见相左而否定别人的想法。

· 对自己施加高期望或压力。

· 认定或谈论自己有多沮丧。

· 急于回答他人的问题，否认自己需要帮助。

· 因为感到自己很受伤而怨恨，想报复某人。

· 将自己与他人进行比较。

· 保护或支撑自己的最坏状态。

· 预想损失或冲突。

· 长期抱怨。

· 关闭心门。

· 责备自己或他人。

如何知道情绪是何时被处理的

只有不去关注恐惧，我们才可能做到畅所欲言，在一段关系中感到放松和自信。尽管还是会时不时地感受到恐惧，但我们不会被拖入困难的局面。你可以在感到消极和沮丧之前，为自己重新注入希望。

试想一下，你正在一条没有铺砌好的土路上前进，这条土路遍布坑洞和石砾，这些阻碍就如同你人生中会经历的困难，适度处理情绪意味着你不会被情绪困在坑洞中，也不会因为害怕艰难而偏离正轨，你甚至还有心情欣赏沿途风景，而过度处理情绪却会导致你在坑洞前泥足深陷。

如果我们能正确处理情绪，我们可以获得能量。虽然在这个过程中我们很容易会感到自己被困住了，感到麻木、焦虑和空虚，此时我们就能意识到自己的情绪被过度处理了。正确处理情绪能让你在自我限制中被解放出来。一旦你体会过这当中的好处，你在遇到新的问题前就更能提醒自己三思而后行。

芳香疗法

气味能有效联结我们的意识和潜意识。当我们吸入令人愉悦的气味时，我们更容易以一种放松和开放的状态处理问题，因而芳香疗法成为一种广受欢迎的治疗工具。芳香疗法有很多种形式，用到的工具有蜡烛、精油、眼罩和喷雾。

开启疗愈旅程的 8 个准备工作

得知丈夫出轨后的相当长一段时间内，我的内心充满了恐惧。我甚至梳理了一遍这些年的所有事，无数次反问自己："这到底是怎么发生的？"在那些充满挑战的时刻，我们不仅要治愈新经历的伤痛，还要治愈旧的伤疤。

本章将为你提供没有经验的普通人进行情感疗愈的基础方法。充分的准备是必要的，否则，你可能会发现自己只是机械地练习这些步骤，却看不到实质性变化。

疗愈心态

情绪疗愈，像冥想、诵经或打太极一样，是一项需要反复练习的技术。我们不妨把自己的身体想象成一个鱼缸，想要拥有健康、活泼的鱼儿，我们就要把有害物质从水中清除，否则鱼儿就会生病。同理，为自身创造一个有营养的情感氛围，也有助于我们的疗愈。

本章的大多数建议都有助于帮你培养一种更健康的生活方式，其效果可谓立竿见影。可视的效果也有助于你继续坚持这个计划。在整个疗愈过程中，你完全可以跳过一个或几个步骤。我曾试图通过健身来获得疗愈，但当时我只能感受到一团乱麻，只待了10分钟我就走了。如果你也有同样的感受，可以先尝试执行以下两到三个建议。

准备

我们每个人都是不同的个体，适合我们的方法也各不相同。虽然接下来的9条建议集中在身体方面，但整套情感疗愈方法最终将帮你实现疗愈。

一、日常活动

如果不喜欢有氧运动，你可以选择快步走，和宠物狗一起奔跑，骑自行车，或者上有氧运动课。升高的心率有助于你的身体进行血液循环，帮助你排出有害物质。这种循环对你的情绪健康至关重要，因为它能显著减少焦虑症状，缓和你在加工情绪时产生的负面反应。

身体会根据运动来调节体温。同样的事情也会发生在情绪上。我们的情绪活动越多，我们越可能感觉到燥热，反之则会感觉凉爽。这会影响肌肉的扩张和收缩。例如，愤怒会让你感到血脉偾张，而更沉重的情绪，如抑郁，会让你感到寒冷。

日常运动能帮助能量实现流动，刺激体温的波动，这也是情绪疗愈所必需的。

可能你曾因为想减肥、增加肌肉、缓解压力或只是让自己感觉更好而锻炼，但这里所说的锻炼有不同含义。因为这里的锻炼是帮你与你的身体产生连接。我们可以从一些力所能及的地方开始，比如走楼梯而不是坐电梯，把车停在离目的地更远的地方，或者在办公室伸展身体、摆动手臂等。

如果你一周能锻炼四到五天，每次锻炼 30 分钟，那就太好了。很多人可能需要外力来帮自己坚持，有的人就算去了健身房也不过是选择盯着墙看。这些感受我都曾经历过。最后通过刻意练习，我还是在情感疗愈（整体性）方面取得了进一步的进展，相信它们对你一样有帮助。

二、关注水分

如果你的尿液是淡黄色或清澈的，说明你体内水分充足。反之，如果尿液颜色深，有强烈的气味，这说明你在消化吸收食物方面出现了问题。

劳拉·科尼弗博士在《用最健康的方式释放任何被压抑的情绪》一文中写道：保持充足的水分是释放负面情绪的一种方式。摄入及排出水分能帮你的身体更新能量。保持体内水分有助于保持身体能量的稳定流动。

我们可以把草莓、猕猴桃或柠檬片泡在水罐里，让它们给水注入一些营养。也可以买一个量杯，这能帮助你确切知道自己到底喝了多少水。

记住，我们要谨慎摄入碳酸饮料和含咖啡因的饮料（甚至绿茶），因为它们会干扰我们的消化过程。本书的后续章节将帮你明确结肠在支持你的情绪流动中扮演的角色。

三、益生菌

根据玛丽·托斯卡诺的文章《益生菌如何改变你的情绪反应》，我们发现肠道中的细菌可以影响大脑。西丽·卡彭特博士曾在她的文章《肠道感觉》中指出：正如肠道细菌影响大脑一样，大脑也可以对肠道微生物群产生深远的影响。许多研究表明，心理压力会抑制有益细菌的产生。

越来越多的研究发现益生菌对降低小鼠的应激和焦虑水平有积极的影响。这些研究成果让患有焦虑、抑郁、胃肠道疾病（如克罗恩病）的人看到了巨大的希望。

四、减少饮酒

酒精会对情绪氛围产生负面影响。如果在一天结束后喜欢喝一杯葡萄酒或啤酒放松一下，你可以考虑一些替代品。酒精会抑制我们的情绪，降低我们的意识水平，让我们忽视自己的身体感受。所以我们要在开始疗愈之前唤醒自己对身体的觉知。这并不是说不能偶尔在晚餐时喝一杯酒；但是，如果你过量酗酒，这会对疗愈过程产生负面影响。

我在和客户磨合的过程中发现，他们即使是在持续饮酒的情况下短期内仍可能感觉更好，但饮酒的习惯会慢慢抵消任何进展。如果很难改变饮酒这种习惯，你需要寻求别人的帮助。

五、净化你的食谱

如果可以的话，我推荐你适当食用粗粮，粗粮能提供情绪疗愈所需的能量。我有幸与营养教练塔米·史密斯合作创建了情绪疗愈计划，提倡粗粮（未精加工的）清洁饮食，建议大家选择最接近天然（全天然和有机）状态的食品，即低钠、低糖、低食用色素和未精加工的食品。同时我们也需要重视正餐，有几次我太忙了，没时间吃午饭，结果在紧张的状态下反应变得迟钝。如果你也曾有过这种经验，不妨把坚果和水果放在手边作为小吃。

你可以考虑将以下食物列入购物清单：

· 藜麦、谷物和大米。

· 牛油果、菠菜和甘蓝。

· 苹果醋。

· 椰子水（用于补水）。

· 坚果（尤其是杏仁）。

· 健康脂肪，如椰子油、橄榄油和黄油。

· 瘦肉，如鸡肉（最好选不含激素的）。

· 椰子或杏仁奶。

· 水果，猕猴桃、草莓、橘子和李子等。

· 多巴胺含量高的食物，如香蕉、黑巧克力和姜黄（放在沙拉和三明治里就很好）等（多巴胺可以显著改善我们的情绪）。

六、减少分心和额外的负担

在接下来的几个月里，务必要专注于自己的康复之旅，这意味着要限制分心和额外的负担。现在不是举办家庭聚会或在孩子的教室里参加志愿活动的时候。我担心的是你会利用这些任务作为借口，不关心自己的情感需求。在开始尝试新事物之前至少给自己 6 个月时间，不要仅仅因为习惯问题而草率做出决定或者退回到旧模式。

也要记住，太多的流言蜚语、社交媒体和短信会分散注意力，使你无法与整个情绪连接。分心让你无法获得情绪所能提供的能量、智慧和力量。在接下来的 6 个月里，尽量减少分心的风险［如果你每小时检查一次你的社交媒体，现在可以尝试把电子设备拿开，仅在一天的早晨、中午的某些时间和睡觉前

（如果必要的话）检查〕。我删除了手机上的所有社交媒体应用程序，这意味着我如果想查看社交媒体信息，就必须开电脑。

七、寻求并接受帮助

想要营造好的情绪疗愈氛围，你必须愿意寻求和接受帮助。在我写这篇文章的时候，丈夫正开车送我们的一个女儿到公共汽车站。这项工作过去总是由我来承担，但现在我意识到自己的想法是多么不成熟。允许他花时间和女儿在一起，做一些简单的日常工作，这是一种滋养内在情感联系的方式。

我希望你挑战自己，勇于接受帮助，然后反思并询问自己需要什么。这可能很简单，比如展示一个善意的姿态。你永远不知道这会带来怎样的好处。比如，可能有陌生人愿意帮你把门，可能会有一个老师愿意花时间回答你的问题。是时候寻求并接受情感能量了。

八、充足的睡眠

睡眠是身体消化一天情绪的重要方式，如果没有持续充足的睡眠，我们就有可能过度处理情绪。平均来说，成年人每天至少需要七到八小时的睡眠。

为了更好地疗愈，把睡眠放在首位是很重要的。如果这一点暂时无法实现，那么你不妨考虑花些时间放松一下，告别电视、电话或电脑，阅读一本书，听一些轻音乐，在外面晒太阳或小睡一会儿。这些小事情，当你用心做的时候，会对疗愈体验产生很大的影响。

每天应该进行多久七步疗愈法？

七步疗愈法是一种生活方式，一旦掌握了它的窍门，每天只需要 3 到 5 分钟。我建议你在开始阶段花 90 天尝试学习、练习这些步骤。这能让你充分感受这个过程并体会当中的好处。

压力是生活的一部分，有些压力有助于保证你的安全，如帮你避开迎面疾驰而来的车。我们可以将七步疗愈法融入你的生活中，比如早晨的咖啡时间，工作前的运动中。最重要的是，不要太在意结果。

情绪疗愈帮你重新认识自我

情绪疗愈是一种有意识地专注于调节和尊重情感的练习。婴儿从降生那一刻起就已经开始感知、探索和感受他们的原始情感世界。正如我所提到的，你的情感是与生俱来的，而反应则是后天习得的。

孩子了解自己感受的方式取决于父母如何回应他们的情绪，急于平息孩子的哭声或告诉他们抑制自己的愤怒可能会传递一个信息，即情绪是坏的或具有破坏性的。在第 5 步（滋养）中，你将学习一些技巧，让你在家里和人际关系中创造出一个情感上完整的氛围。

一位明星球员曾找我咨询因为受伤导致无法出席赛季比赛的心理问题。从表面上看，他今年的开局很糟糕，然而，换个角度看会发现一些新的问题。别人给他贴上了运动员的标签，而当他不能再打球时，他就失去了自我意识。我引导他了解他对自己的期望，而这个期望不过是一种"反应"。一旦他明白了这点，他就可以消化和接受他在这一经历中的原始情感（恐惧），并感到充实。

人们习惯了自己属于某一个特定的角色。无论我们是一个体育明星、疲惫的母亲，还是愤世嫉俗的人，我们的每一个反应，都包含着被过度处理的情绪，让我们开始以不同的方式看待自己和他人。

通过"祈祷"清洁你的身体

祷文是重复的声音、音节和单词，有助于我们进行疗愈。现在我愿意并准备好接受我的情感能量，所有的可能性都在流动。谢谢你。

第二部分

七步疗愈法：拔掉那根

扎在你心里的刺

我们经常会在困难时期抓住任何触手可及的东西作为救命稻草。七步疗愈法由以下步骤组成：

①清洁你的内在；②找回你的自我意识；③释放被积压的情绪；④为你的快乐按下重启键；⑤成为自己内在的滋养者；⑥允许一切发生；⑦重塑你的内心安定。

我将详细展开阐述每一步骤，让你能更深入地了解这些步骤的工作原理和工作方式。学习这些步骤本身并不是我们的目标，我们的目标是帮你明确你与能量和情绪的关系。

你可能听说过吸引力法则，该法则声称：你所关注的东西会被吸引到你的生活中（无论是积极的还是消极的）。七步疗愈法与该法则相契合。然而，对情绪的反应过度依恋，即使你专注的是积极的事物，你的反应也会破坏之前的努力，这是因为你忽视了自己阅读和接收情感能量的能力。一旦你强化了接收情感能量的能力，你将有机会与快乐同步，你可以免于承担消极因素的负面影响。

每天只需要几分钟，我们就能逐渐掌握这个方法。现在，我们开始吧。

∨
∨
∨

步骤1：清洁你的内在

我们的工作是爱别人，不去想这样做是否值得。

——托马斯·默顿

当我们的办公桌乱七八糟的时候，我们自然会整理文件、书籍和各种用品，为工作扫清障碍，否则，我们会分心。情绪疗愈也是同样的道理，我们不应该把所有情绪一股脑塞到"抽屉"里。我们应该清除掉那些导致注意力分散的因素，这就是为什么清洁是七步疗愈法的第一步。

神经科学告诉我们，当应激激素皮质醇被触发产生和含量升高时，允许神经细胞发送和接收信息的突触连接被抑制，我们学习和改变的能力也被削弱。当我们处于反应状态时，很难改变我们体内的能量模式，因此也很难改变我们的思想。当我们平静下来的时候，这一切则会变得更容易。

试想一下，很多人在学开车时都有过这样的经历，我们可能因为老师的挑剔而变得动作僵硬、肌肉紧绷、信心和安全感降低。在我进行情绪疗愈的第一阶段，有好几次我都怀疑自己能否同丈夫一起渡过难关，这种担忧加剧了我的紧张。后来我告诉自己："雪莉，进行情绪疗愈的是你，而不是他，不要偏离，要坚持。"通过这种方式，我开启了七步疗愈法的大门。

看看自己被困在哪里

我们很容易被自己的模式困住，以致无法取得相应的进展。但意识到我们的反应模式本身就是一种进步。你不妨问问自己，是否对某些人或事总持有一种默认的思维习惯。就像我往往陷入努力工作的模式中而忽视自身感受。

改变需要时间，就如同我们在不熟悉的路段开车需要花时间了解新路线。很多人，包括我自己都很容易陷入以下模式：

· 因为担心后果会恶化而不敢说出自己内心的想法。

· 对自己的情绪置之不理，以致结果越来越糟。

· 为自己的行为找借口，而不去探究行为背后的根本原因。

· 不愿意向别人寻求帮助，不肯承认自己的错误，不让别人知道自己的感受。

· 总在表达自己观点的时候产生罪恶感。

我的一位客户苏珊，总是被她婆婆的评论困扰。比如，她的婆婆会说："我养孩子的时候可没出过你这种纰漏。"这种情况让苏珊感到精疲力尽。于是，我开始帮助苏珊尝试了解自己的模式。我向她解释道："如果你注意到自己总是在婆婆评论你的时候下意识张嘴、眯眼睛，就会发现自己被困在了一种抑制自身能量的模式中。每当这个时候你总是用力屏住呼吸，而不是让精神舒展，呼吸顺畅。"

大多数人都是通过一个人的一言一行来观察这个人。苏珊认为她的婆婆很有攻击性，所以她的身体在应对这种情况时会进入一种防御模式。

很多人都无法发现自己过度处理情绪的原因。在面对给自己造成压力的情形时，我们首先应该观察自己的身体语言、头脑以及呼吸节奏的变化。这些都是你的身体发出的信号。

解读反应性

学习自己的模式就像学一门语言一样，需要时间和练习。你要学习如何在不加评判的基础上练习自我观察技巧。你将告别被动的反应，重新掌握对自己的主导权。

压力会影响我处理信息的能力，我会下意识给出一个应答，但其实我并没有真的听到对方对我说了什么。结果是，我总是忍不住为此感到后悔。当我把这个情况向丈夫坦白后，这个局面才开始改变。

一般人很难意识到这种模式会浪费很多能量，这是因为当你不处理情绪时，很可能不去进行清晰地思考，因而无意中会说错话，然后花很多时间去弥补。

迪帕克·乔普拉在他的书《你想吃什么？》中写道："成为一个观察者，你将给身心连接提供休息和调整的空间。"当你认为生活太过复杂使你无法观察到自己的反应，七步疗愈法将增强你执行此操作的能力。

我经常把反应想象成一个煤气炉：火焰可以从小（低）调到大（高）。高火焰意味着高水平的反应性，而低火焰则意味着内心平静。

下面的这个表可以帮你更好地了解不同反应水平的范围。

你可以通过这个表了解自己，也可以通过这个表帮助他人。

低反应水平	中反应水平	高反应水平
你对事物有积极的看法	你很冷静，但是你对外界发生的事情（如闲话）比内心发生的事情更加感兴趣	你的很多想法非理性，你常用的措辞：没有人、所有人、应该、你不能等
你关注的是全局而非细节；即使被冒犯或感到有些恼火，仍会继续工作	你健忘；工作不专注，工作进展缓慢；容易感到疲惫沮丧，感到精力被日常琐事耗尽	无法正常工作；忘记约会、生日，频繁请病假，有"出局"或辞职冲动；有离婚的想法
当发现自己不在状态时，你能找到调节自我的方式（如深呼吸）	你在过去、现在、未来之间来回摇摆；你一遍又一遍地想同样的事情	你对未来充满恐惧并沉溺于过去
你似乎并不在意情绪带来的负面反应，你倾向于探索如何消化和表达自己的全部情绪	你很容易有消极情绪	你对别人或自己吹毛求疵，但又抑制自己的感受；你保护别人感受的方式是取悦别人但忽略自己的感受
你能照顾好自己（锻炼、合理膳食、睡眠充足）	你对如何照顾好自己感到矛盾	照顾自己让你很有负罪感，你甚至不去尝试做出改变；你忽视营养摄入和锻炼，忽视身体信号

迷走神经

迷走神经是人体内行程最长的一对颅神经，从脑干一直延伸到腹部，与心脏、肺、肝、肾、脾、生殖器官和胰腺等多个器官相连。它还会影响脖子、耳朵和舌头。迷走神经对副交感神经系统有直接影响，这有助于使你的身体放松，不仅可以适当地促进食物消化，还可以帮助你消化情绪。

刺激迷走神经能让大脑和身体之间的关系加强。刺激迷走神经的一种方法是增加你的血液流量。随着流经你的大脑、器官的血液的增加，你的身体将学会放松并且消化情绪。以下是一些你可以采取的方法：

· 高声歌唱、高声吟唱。

· 瑜伽。

· 祈祷。

· 往脸上泼冷水或放冰块。

· 深膈呼吸（下一步中将详细描述）。

· 积极社交。

· 冥想。

· 开怀大笑。

·拥抱（胸部紧贴他人）。

这些行为都能刺激你的迷走神经，让你平静下来。当一个人难以深呼吸的时候，我们可以先刺激他的迷走神经，他的身体将更容易接受深呼吸。你也可以在承受压力或感到呼吸困难时使用这个方法。

这里有三个我喜欢做的练习。

1. 迷走神经复位

你可以参照下列步骤：

·将右手食指和中指放在肚脐上方，然后向右和向内按压。

·用相同的两个手指按压肚脐上方（大约在肚脐上方一英寸），然后再向左侧按压。然后向右侧、中间和左侧按压。

·用另一只手的三根手指的指肚，按压头皮顶部偏后的位置，然后按压头顶正上方，然后按压前部（前额正上方）。

·与此同时，一只手按压肚脐上方，另一只手按玉头顶。重复三次，手臂放松，闭上眼睛，呼吸。

·你会注意到你的呼吸变深，下巴放松，颈部放松，肩膀向后向下打开。如果没有出现这种变化，请再尝试一次。

2. 敲击恐惧反射区

唐娜·伊登在《能量医学手册》一书中提出："敲击恐惧反射区"技术能使战斗或逃跑的反应平缓下来，减少非理性的恐惧，使头脑稳定。首先，伸出一只手，手掌朝下。用另一只手在手掌中的无名指和小指之间按压，记住，要按压手的背面。用两三个手指轻敲这个区域 30 到 60 秒，用鼻子吸气，嘴呼气。

3. 猫式伸展（瑜伽体式）和牛式伸展（瑜伽体式）

猫式伸展和牛式伸展都属于瑜伽体式，能有效刺激我们的迷走神经，让你的脊柱更具灵活性。

用手掌平复情绪

双手用力搓 10 秒钟，然后将一只手放在前额上，另一只手叠放在这只手上，仿佛你在确认自己是否发烧。保持手的位置不变，闭上眼睛 30 秒，深呼吸，让气息达到下腹部，同时集中注意力，感受你身体的血液正向前脑涌去。这个动作能引导你进行腹式呼吸，让你的情绪平复下来。

扫描

让你的意识像扫描机一样扫描你的全身，有助于帮你确认自己的状态。如果你一觉醒来却依然觉得疲倦，那么你更应该做这件事。

现在花点时间做一次完整的 10 秒扫描：

（1）坐直或站直，双臂放在身体两侧，双脚平行，放在地板上。

（2）吸气。

（3）呼气时，让自己的意识，慢慢地从头顶转移到脚底。

要点重述

· 首先确认反应性为低、中或高，为清洁做好准备。

· 调节迷走神经，减少战斗或逃跑反应，练习"敲击恐惧反射区"法，进行猫式和牛式的伸展或把手掌放在额头上，感受你的呼吸。

· 用 10 秒钟扫描身体。

· 然后再去进行下一步尝试。

拍打胸口

婴儿或小孩在心烦意乱时会自然而然拍打自己的胸口，这是一种本能的反应。当你发现自己烦躁不安或反应迟钝时，可以轻轻拍打或轻敲你胸口，对自己说："冷静点，一切都会好起来的。"闭上眼睛尽可能维持这一时刻。你可以在这时观察自己的身体会做出怎样的反应。深呼吸，你正朝着更加深入的方向前进。

V
V
V

步骤2：找回你的自我意识

　　内省有助于提高我们的自我意识。自我意识与自我反省不同。自我反省专注于自己的想法和行为，而自我意识侧重自己的感受。内省就是把你的注意力从自我反省转移到自我意识。你将学习自我反省和自我意识的区别，学习与自己的身体对话，学习通过倾听你的身体来达到治愈的效果，以及为什么我们要加强巩固这些技巧。

　　我经常在教授他人瑜伽的过程中观察到他人在自我反省和自我意识之间摇摆。当我引导他们练习时，能明显看到有些人仍然在头脑中自我反省，在整个练习过程中都很焦躁。我提醒他们放松，关注自己的呼吸——这是培养自我意识的必经之路。

下表说明了自我反省和自我意识之间的区别。再重复一下，两者都是内省的必要条件。

自我反省	自我意识
心理体验（遵从内心）	身体体验（关注呼吸）
自学	自我练习
沉思、反思	欣赏、吸收
识别情绪	感受情绪
眼睛可能向上看（思索）	双眼微张，可能向下看

我们需要学会从自我反省阶段过渡到自我意识阶段，我们的"自我"就居住在这里。"自我"让我们把目光放在伤害、恐惧和痛苦上。但其实我们可以享受"自我"，接受并获得疗愈。内省能帮我们弥合伤痛，让我们接受原始情感的祝福。

在重塑"自我"的过程中，我减少了社交活动。我知道在某种程度上我必须重新融入社会，但我没想到的是，自己会对重新加入社交活动这么敏感。我表现得就像一个对每个动作、表情都过于敏感的青少年，这让我感到精疲力竭。很多时候这种情况甚至持续到第二天，我想我可能陷入了自我怀疑，需要药物治疗。这时我意识到，我需要向我的消极想法发起挑战。

"重置"你的神经系统

伤害可能在修复过程中再次发生，过往的不愉快重新浮上心头，于是你不得不将过往再经历一遍。

这就是我们在内省过程中可能遇到的问题。彼得·A.莱文博士在《用一种无法言喻的声音：身体如何释放创伤》中，讨论了医疗反应小组通过注射药物让创伤受害者快速控制情绪、停止颤抖的例子，这其实增加了他们以后经历创伤后应激障碍（PTSD）的概率。颤抖其实是身体在试图"重置"神经系统，这能降低一个人患上创伤后应激障碍的可能性。

内省声明

七步疗愈法中本步骤的重点是自我意识，我们要消除自我，并允许（而不是停止）神经系统的重置。

当"自我"认为自己正像一个傻瓜的时候，我们可以告诉自己只是在当下感到了紧张和警觉。我们可以通过这种方式唤醒自我意识。

以下问题，可以有效帮助你。

· 你内心的声音告诉你什么？

· 列出你的身体在此刻的实际感受，比如沉重、温暖、紧绷、紧张、轻松等。

陷阱

我们应该关注自己的感官，但不要为其所困。我们可以把感官想象成一个刚刚开始学会走路的孩子。本书将在后续提出帮你缓解不适的工具。

在那次让人感到不适的社交后，我开始关注自己身体的感受。我观察到负面感受是如何与事件的记忆联系在一起的。

你不妨试试这个：

· 坐在椅子上，挺直身体。

· 双脚平放在地板上，与臀同宽。注意力集中，好像你马上要发表声明。

· 想象你强壮、敏感的脊柱承受着那些告诉你抵抗、放弃的想法。

· 不移动头部或肩膀，向下凝视地板。承认你正在做一个从自我反省到自我意识转变的决定。

· 呼吸并集中注意力！捕捉现在身体的感受。

适应自我意识

当你把注意力放在感官上，你就可以开始进入自我意识。这意味着关注呼吸可以增强你从自我反省过渡到自我意识的能力。

充分利用呼吸

在漫长的一天结束时，深吸一口气，你的身体将得到恢复和放松。

呼吸的方式很重要。短暂的、快速的浅层呼吸无法帮你消化情绪。长时间的、缓慢的、有意识的呼吸会产生更强的能量流动。

胸式呼吸无法帮你实现消化情绪的目的，你需要练习腹式呼吸，这样你才能取得真正的效果。最简单的学习方法是仰卧并将气吸到小腹部，然后数到三再呼气。在你通过仰卧学会要领后，你可以用坐姿或站姿练习（双脚分开与臀部同宽，双脚牢牢地踩在地板上）。

感受氧气随着你的吸气向你的脊柱流动，你将得到充足的氧气帮你镇定神经。同时，呼气也有助于释放血液中的二氧化碳，给身体一个释放气体和酸性物质（压力、环境中的污染物和过度加工的食物会导致酸性物质的产生）的机会。如果你不能有效地呼气，你也将无法有效地吸气。如果你无法有效呼吸，你将很难注意（自我意识）和感受到这些好处。

呼吸的目的是帮助你进入自我意识状态。这能帮你提高专注和自我意识的能力。

带来安全感的吸气

当你在吸气的时候感到肋骨间的肌肉变宽，横膈膜向下运动，就意味着你的吸气很深。你可以通过挺直背部，肩膀向下向后打开来辅助呼吸。你可以选择在呼吸时通过在心中默念一二三，来帮助自己进行更深的呼吸。

吸气能给你带来能量，让你保持动力和敏感。每次吸气所吸入的氧气能帮助你消耗体内的"燃料"（糖、脂肪酸和被积压的情绪）。当你的身体接受氧气并有效地释放二氧化碳时，它会感到很安全。

你可以在呼吸中创造一个平衡，比如你可以在吸气时数到三，再在呼气时数到三。过量的吸气有时候会刺激你的战逃反应，让你感到紧张或头昏眼花。你的身体需要一个均匀的呼吸节奏。

很多人都把呼气训练作为一种保护机制。当我们感到紧张时，会不自觉收腹，屏住呼吸。但这种反应很容易切断血液、氧气和能量的供应通道。如果这种情况持续下去，您可能会感到不确定和不安全。

医学博士贝塞尔·范德科尔克称："许多受创伤的人发现自己与周围的人会产生隔阂。"多年来，我时常感到自己很难融入群体。在我小的时候，我的哥哥在毒品和酒精的影响下驾车撞死了2个人，多年之后我才能摆脱这件事带来的阴影。我在很多事情上都曾有过与发现丈夫外遇类似的事件带来的窒息感，我永远无法让自己放轻松，总是感到很痛苦。

当你的身体没有感觉到伤害时，才会允许你探索并疗愈更深层次的创伤。我们无法靠交谈疗愈自己经历过的创伤，只有跨过自我反省阶段来到自我意识阶段，才能实现与身体对话。

与身体对话

与身体对话，顾名思义是让你去倾听、观察身体的反馈。当我们和其他人说话时，经常会注意到对方的身体语言，并听到他们的反馈。但当我们与自己的身体对话时，却只能注意自身的感官感受，是迟钝的还是尖锐的，是温暖的还是清爽的。

通过与身体对话，我消化了丈夫出轨这件事给我带来的冲击。身体对话是指通过内省开始与身体对话：

我现在对身体的感觉是＿＿＿＿＿＿＿＿＿＿＿。

与身体对话后，我才意识到，早在结婚前，很多问题就已经为我的这段经历埋下诱发危机的种子。

在一次社工会议上，我问了这样一个问题："在这个房间里谁认为自己压力最大？"很多人都举起了手，我向其中一位询问她的理由。

对方答道："因为我的脖子和肩膀的肌肉总是很紧张。"

我接着问："为什么会这样？"

她回答说："几年前我出了车祸。"

接着我建议道："我们为什么不问问自己的身体？"

于是，她在我的引导下将两脚平放在地板上，闭上眼睛深呼吸，并向她的身体发问："身体，你能告诉我为什么我的肩膀和脖子这么紧张吗？"这样重复了两三次后，我向她询问她身体的反应。

她答道："我感觉疼痛减轻了。"

会议结束时，她对我说："我的脖子和肩膀那么不疼了！谢谢您！"

健康的沟通是双向的，也就是说我们要学习询问和接收两方面的技能。很多人都害怕反馈，一想到会让别人不高兴，他们就踌躇不前。如果你认同这种观点，那么你同样需要治愈自己。与自己的身体对话能允许这种被抑制的能量（情感、信仰）被看到、被听到以及被治疗。内省的目的是让未愈合的旧伤口显现出来，因为你将在步骤 3 中释放（转化）它们。

塑造你的意图

　　内省的过程塑造了你的意图。当你忽略身体的感受时，意图就变成了大脑所编织的故事。当你专注于身体的表现时，意图就会自然而然地呈现出来。

　　我在接受治疗时，总是习惯性地认为自己要和丈夫一起解决一个特定问题。当我开始专注于呼吸时，我们谈话的意图就会有所改变。一开始，我想要释放自己的恐惧，但随着疗愈进程的推进，我开始接受自己的全部情感，并明白恐惧不是一种情感，而是一种反应，我们要拥抱的唯有爱。

　　过度思考很容易让我们的神经系统进入防御模式。了解这些负面情绪产生的原因，能让你学会为自己的身体能量负责。外界的影响和过往经历很容易使我们的大脑分心。当你练习内省并与身体对话时，这些干扰对你的影响会大大削弱，你的身体不再僵化，自我的完整性也开始出现。

和谐

大声朗读这句话："现在我的身体更和谐了。"

现在，你在训练自己的身体去感受，而不是任由身体对当下发生的事情做出反应。不必重新审视过去或预测未来。当你责怪自己时，哪怕是像"我的发型看起来糟糕透了"这样的小事，也会有损你的情感能量。

要点重述

· 用积极的语言来自我暗示。比如，"我现在身体感觉更好了。"。

· 弥合自我反省和自我意识之间的差距，通过身体对话应用身体意识，并不做主观评判。

· 了解反馈是以感觉的形式出现的。

· 深呼吸，为下一阶段做好准备。

清洁提示：吸气安全，呼气稳定

　　具体步骤如下：通过鼻子吸气，在吸气达到顶峰时大声说"吸气安全"；再呼气，在气息被吐出到最大程度（即让你的肚脐尽可能靠近脊柱）时大声说"呼气稳定"。把这套流程重复 5 次，最后大声对身体说："谢谢你。"

〉〉

步骤 3：释放被积压的情绪

　　每天，你的身体都在努力消解那些你不需要的东西。你身体的每个细胞都有自己的任务，它们彼此交换信息，决定何时用何种方式释放废物。你吸收的所有物质和思想，都会以特定的形式被分解。难点在于，负面思想往往更难被消化（像一盘意大利面并不容易被消化一样）。但你越是放松，你的思想就越容易流动。

从恐惧走向爱

　　释放的过程不是为了消除反应性，而是为了将其转化为新的物质，类似于滋养作物的肥料。释放可以让你将意识重新定位到当下，让你排出负面能量，吸收正面能量。

转化能量

不论是何性别，每个人生命的起点都是从子宫开始的。瑜伽理论认为，消化器官和处于肚脐下方的生殖器官所在的能量中心都是神圣的。这些能量中心也被称为根脉轮、骶骨脉轮和太阳丛脉轮。

在瑜伽理论中，脉轮被称为生命之轮，也就是我们的能量聚集的地方。平衡的脉轮能量将为你带来很多好处。比如，让你的情绪保持健康，改善你器官的功能和免疫系统功能。

通过瑜伽、太极、针灸、诵经、祈祷和冥想等活动，我们能感受到脉轮的存在。当你的内在能量处于平衡状态时，你的脉轮倾向于顺时针方向移动，当它们失去平衡时，它们可能逆时针移动。当脉轮不平衡时，我们可能感到迟钝、缺乏活力、憋闷、分心、焦虑或剧烈的情绪波动。

当我们在学习"释放"时，我们将学习调整这些区域来平衡我们的能量。通过释放，我们可能会暂时得到放松，但这并不意味着你已经改变了你的模式。这就是为什么定期练习七步疗愈法很重要，因为随着时间的推移和练习次数的增加，你才会改变固有的模式。

声波

就像吉他的声波可以穿透你的身体，当你哼唱一支曲子时，情况也是如此。某些声音具有治疗能力。科学家们已经将"爱"的振动频率校准为 528 赫兹，这种振动被嵌入诸如圣歌之类的音乐片段中。

根据玛格丽特·劳斯的说法："声波是能量运动着通过介质（如空气、水或任何其他液体或固体物质）时引起的扰动模式。"如前所述，模式是可预测的能量循环，它有助于思考、感受，改变行动和处理情绪。模式不仅存在于你的身体内部，也在社区和文化中有所体现。

如果你在一个不断重复"钱是不容易赚的"的家庭中长大，如果每次在交出一美元钞票或使用信用卡时感到心理压力，就说明这种心态深度影响了你的消费模式和工作方式。

你可以借助声音的力量消除观念对你的影响，这就是为什么大声说出祷文（重复的音节、单词或短语）效果会更好。

让我们首先关注一些自然的声音，如"啊"和"嗯"。当你在炎热的天气下冲凉，你可能会发出"啊"的声音，当你吃了美味的食物后，你可能会发出"嗯"的声音。如果你在自我意识的指导下，让自己沉浸在这些声音中，你会感到不同，这是因为你正在改变体内的能量。

我建议你坐直，深吸一口气，让气体充盈你的腰腹，然后在你呼气时说"啊"，同时把你的肚脐向脊柱的方向挤压。你可以在这个过程中感受这个声音是如何沿着你身体一直振动到脚趾的。

提起骨盆底肌

骨盆底肌是我们身体的一个基础结构。如果骨盆底肌无力，你会常常感到腰痛和不稳定。当你呼气时，骨盆底肌的提升（收缩肌肉）可以产生强有力的基础，让你不易过度处理自己的情

绪，同时也允许声音帮你转换能量。你会在这个过程中感受到
稳定。

　　你可以试试在吸气的同时提起骨盆底肌，并在呼气时发出
"啊"的声音。当提起骨盆底肌时，声波将穿透根脉轮和骶骨
脉轮的能量池。当你提升（挤压）这个区域，并把意识放在那里，
身体的稳定性将得到提高，让你的身体感觉得到保护和安全。
当你做这个组合动作的时候，可以同时放松你的下巴。这能帮
你有效释放负面能量。

下巴放松

　　如果现在收紧腹部，向内拉向脊柱，你会注意到下巴松弛
了。一个人很难在紧咬牙齿的同时提起骨盆底肌。收紧的下巴
就像是在你的情感流上放置了一个开关，影响你与自己和他人
交流的方式。在瑜伽的相关理论中，你的下巴影响你的喉咙能
量中心（第六个脉轮），喉咙被认为是通往心灵的桥梁。当你
收紧下巴，阻断这座桥梁并收缩了能量时，你很容易批评别人。

　　收紧的下巴会导致喉咙的能量被阻塞，这会导致类似咽喉

疼痛、颈部疼痛和头痛等。

当你放松下巴时，喉咙中锁定的能量得以循环，肌肉和血液得到了新的能量，你的身体因此受益。

接下来，让我们更深入地了解一下你的身体是如何处理情绪的。请按以下口令感受你的呼吸过程：深呼吸，感受腹部的饱满；呼气时，提起你的骨盆底肌，放松你的下巴，在呼气结束时说"啊"；鼻子吸气，把注意力集中在你的小腹和结肠上。

结肠连接

结肠中含有大量的血清素，可以缓解并改善我们的负面情绪。

如果你总是感到压抑、焦虑、情绪低落，易怒或者会出现皮疹等现象，你可以考虑创造一种更有助于你的肠道发挥功能的生活方式，包括提高呼吸意识和放松身体，这能帮助你的肠道清除压力。

对我们大多数人来说，肠道和大脑的信息是单向传递的（从结肠到大脑），如果肠道不能正常工作，你会感到肿胀、便秘和恼火。

当你提起骨盆底肌并通过声音放松你的下巴时，这个波（振动）将一直传播到你的肠道（结肠）。这意味着你正把你的意识传递到肠道甚至结肠区域，这可以增强身体自然释放废物的能力。

设置边界

"边界"这个概念在我们的成长过程中曾被反复强调。边界就像沙地上的一条线，越过这条线，你就在我的地盘上。问题是，这种设定界限的方式会阻碍关系的发展而不是加强关系。

我曾饱受"边界"带来的困扰。我总是要么认为自己很强大，要么完全忘记自己拥有的力量。我总会在前一分钟认为自己很强，在下一分钟感到万分无助。当开始疗愈后，我终于意识到"边界"不仅是一种行为，也是一种体验。

我们可以影响别人，但是我们不能完全控制他们。如果你清楚了解自己的边界，你将成为一个很有影响力的人。否则，你就要冒着失去能量的风险来维持它们。你可能会因为某件事大发雷霆，但咆哮只能消耗能量而非改变能量。

从核心区域处释放

提起骨盆底肌同时放松下巴的呼吸方式能强化我们的核心力量。

随着时间的推移，你会认识到你的腹部肌肉是力量和稳定性的来源。腹部是我们最嫌弃的部位，我们会戳自己腹部的赘肉或嫌弃爱人肚子上的游泳圈，但腹部同样可以帮我们把负面能量转化为正面能量。

在情绪疗愈过程中，我曾试图控制丈夫的行踪。在这个过程中，我的丈夫也做出了一些改变，比如自发向我汇报他的行踪和计划。这对我们来说是一个巨大的改变。过去的我们倾向于过着互不干涉的平行生活，但现在他在付出努力以重建我的信任。这让我感到放松。

我鼓励客户在沟通中假装肚脐是他们的嘴，让他们边说话边关注自己的肚脐。这对他们的语气造成了改变。通常他们都会给我这样的反馈：感觉自己需要说的话更少了，感觉自己更自信且脚踏实地了。

不妨按以下方法试试看：

· 深吸气。

· 坐直，感受你的身体。

· 把肚脐向内吸，提起你的盆底肌，当松开你的下巴时，让"啊"的声音穿透下腹部，把注意力放到你的结肠区域。

· 感受你的腿、脚和脚趾。

· 用呼吸来强化你的核心地带。

你会发现，这套方法能帮你重新设定你的心理边界。

要点重述

· "释放"意味着你正在通过声音将你的意识拉到当下。

· 感受提起骨盆底肌时，随着发出的"啊"，肺部振动为你带来的力量感。这是进入下一个环节前必不可少的。

清洁提示：心脏可视化

　　想象你的心就是你的眼睛，和你的心对视，软化你的心，让它融化并逐渐扩散，让"眼泪"从这个空间流出。感受呼吸以及呼吸带来的柔软。

步骤 4：为你的快乐按下重启键

为一台旧车更换电池能有效改善这台车的运行状况。这会让你对这台车重拾信心，让你愿意再多开一段时间。

激活快乐的原理相似。当你感到你的努力收效甚微时，不妨把激活看作一个好的开始。当你学骑自行车时，起步阶段可能需要一点推动力；同样，激活你的能量可能也需要一点推动力。你需要认真考量一些实际问题，比如想要拥有的快乐与实际获得的幸福的区别。

我们需要激活业已存在的东西！不妨告诉自己：我们渴望的一切已经存在，包括我们与快乐的联系。

感受无形的世界

正如在多云的日子里，虽然有时候看不到太阳，但是我们仍然知道它的存在。快乐亦是如此。当我们沐浴或与宠物狗玩耍时，我们的身体会感到兴奋快乐。当我们看到一缕阳光从窗户射进来或回忆起一个快乐的时刻，我们的精神会感到快乐。因此，快乐既是一种实际的感受，亦是一种精神上的体验。

世界上存在着许多我们看不见的东西，比如分子和原子，比如我们情绪变化的内在过程。情绪疗愈让我们可以从分子层面改变我们自己。当它被激活时，你正在进入这个无形但真实的能量世界。

打开"第三只眼睛"

瑜伽把眉间位置称为"第三只眼睛"。如果一个人的"第三只眼"被阻塞，就会导致困惑、嫉妒等情绪。而当它"开放"时则会让人体验到专注和幸福。下面的方法能帮你打开"第三只眼"：

（1）吸气，注意力放到眉心。

（2）体会眉心力量的增强。

如果你把注意力放在右大脚趾上 30 秒，你会体会到同样的感受。现在让我们试试这样做：

（1）把你的意识放在你的心脏中心，用心感受。

（2）把意识转移到你的"第三只眼"，用心感受。

（3）闭上你的眼睛，让你的能量向快乐靠拢。

快乐并不总是发生在身体上的感受。你可以想象太阳升起或者玫瑰绽放的场景。随着你能更熟练地进行这个过程，你感受快乐的能力也会增强。

很多人之所以害怕开始另一段关系。很大程度上是由于他们过度加工了自己的情绪。他们尤其需要重新学习如何激活快乐。

气质

一个人的气质就像一面巨大的磁镜，不仅能反映出他此刻内心发生了什么，还能像磁铁一样吸引着他所关注一些事物。

如果你易怒、内心紧张或感到不安全，你的气质会反映出此时你能量不足或受阻。

心的力量比头脑的力量更强。因此，我们不能仅思考如何变得快乐，我们必须去感受它。当你由衷感到快乐时，你会注意到你的心是如何变得轻松的。你越专注于快乐，就越有可能不受负面因素的影响，这将是帮你过上理想生活的关键。

当开始与快乐建立联系，我发现自己会被一些很简单的事触动。比如，陌生人的微笑、窗外自由的鸟、洒在脸上的阳光。我开始意识到快乐就在我的心中，我不再等待，对生活重拾兴趣。

我曾用快乐、笑声和轻松的心情交换来了责任、忧虑和义务。我第一次感觉到自己的心像蝴蝶一样颤动。我对生活鼓起了勇气，我感受到了眼前的快乐。这种快乐是真实的，而不是由我自己臆想出来的。言语无法表达我的感受。在快乐中，我感到满足和自由。

"想要"和"拥有"

要想重新获得快乐，我们首先要学会区分"想要"和"拥有"带来的不同能量，这能帮你明确到底该把注意力放在什么地方。

想要	拥有
"想要"由头脑驱动	"拥有"由心灵感悟
"想要"的背后是匮乏和恐惧	"拥有"的背后是充足的能量和爱
"想要"常带来一种能量停滞感	"拥有"常让你觉得能量充足
越强调"想要"，越充满恐惧	越强调"拥有"，越充满希望
聚焦"想要"会让你的视野变得狭隘	聚焦"拥有"会让你的心态变得开放

遇到快乐

快乐和幸福都会给人愉悦的感受，然而它们是不同的。生活导师兼心理学家瑞秋·菲尔恩利曾说："当你能与自己和谐相处，你的生活目的和生活方式能和谐时，快乐就会来到你的身边。"生活中的愉悦感会让我们感到幸福。你可以通过对别人表达善意，和朋友出去吃顿美食，或者在你的厨房桌子上放一瓶漂亮的花来创造幸福感，但这不见得会激发快乐。

有时候，在你经历了步骤1（清洁）、步骤2（内省）和步骤3（释放）后，可能只能在当天获得一点短暂的快乐，但到了第二天，你依然会感觉糟糕。解决这个问题的唯一办法就是你要重复这些步骤。

如果你感到情绪低落，那么你的快乐可能此时正在路上。那天我觉得很糟糕，于是决定听从内心，来到母亲家的后院，坐在野餐桌旁，做了我内心所想的事：写作。我写了大约2个小时。这次的体验让我有一种焕然一新的感受。

当我得知丈夫出轨，我把结婚戒指摘了下来。誓言被打破了，再戴戒指又有什么意义呢？这也提醒了我在做任何重大决定之前需要重新思考。对我来说这是个很难的决定。9个月后的一天，下班后我回家洗了个澡。我开始感到快乐，我听到孩子们走在地板上的声音，想起来那天早上我和丈夫的甜蜜交谈。我有一种冲动，要把摘下来的结婚戒指重新戴上。我从浴室里出来，翻了翻抽屉，拿出一个小缎子包，发现一张便条，那是我在最痛苦的时候写给自己的。上面写着："亲爱的雪莉，不管发生什么，我爱你。"

欲望

快乐始于一个召唤。所谓召唤，是一种强烈的冲动，这种冲动会以某种方式推动你前进或改变你的生活。要召唤快乐，你必须承认自己内心的渴望。你之所以有欲望，是因为欲望把你连接到你最自然的状态：快乐。

如果你渴望爱，那么就与爱同在。如果你渴望得到尊重，那么就要努力获得尊重。波斯诗人鲁米有句名言："聆听内心，做自己真正热爱的事情。"这才是快乐的正确打开方式。

如果你不确定内心的渴望是什么，问自己如下几个问题：

· 我到底渴望什么？

· 如果不考虑钱的因素，我想做什么？

· 是什么东西一直浮现在我的脑海中吸引我？

· 是什么东西打开了我的心扉？

· 当我还是个孩子的时候，什么让我饶有兴趣或者安慰了我？

· 我的直觉会促使我做什么？

记住，你可以创造快乐。把快乐视为给予你的珍宝是一种生活态度的改变，这意味着你不必再浪费精力去寻找、渴望和希冀快乐。你只需靠近自己所爱之物即可。

做出选择

选择快乐可以让你的能量流过你的心脏和"第三眼地带"。你不妨试试用温和的目光凝视远方，这会让你的呼吸更深。你可以接着试试用柔和的目光凝视地板方向，保持下巴与地板平行，你的核心力量可能会被激活，你的身体会感到安定。此刻，你可以想象在你的眉心有一只真正的眼睛，让能量像激光束一样向外扩展，同时保持眼睛微张，感受心的放松。此刻你的能量处于安全状态，你的身体将更有可能选择与之匹配的能量（喜悦）。

在这一步中，请不要说话，因为激活你的心脏和"第三只眼"是在沉默中发生的。如果你发现自己自言自语或对其他人大声说出自己的愿望，那请花点时间，闭上眼睛，呼吸，感受自己的内心空间。睁开你的"第三只眼"（同时闭上你的眼睛），扩大你的视野，让心灵引导方向。你可能会收获惊喜——也许是一些洞察力、一个温柔的推动、一个去上某门课的提醒，或者遇到一个能在旅途中支持你的人。

当我在母亲家写作，打开我的心门和"第三只眼"，喜悦开始重新充满我的内心。我知道这是因为我想对自己的感受负全责。我觉得有必要向因我而受伤的人道歉，向那些受我的反应影响的人道歉，让我遇到的所有人都知道他们是多么的美丽和特别。这就是当你激活快乐时生活的样子。

一体性

只有当你意识到心中也长有一朵花，和眼前的花一样娇美时，你才能真正领悟快乐的真谛。你和心中的那朵花本质上是合一的，那朵花就是你，你就是那朵花。快乐也是这个道理，一旦你做出这种转变，你就为快乐所环绕。

现在回到脆弱性这个话题。让能量永久地适应快乐的最有效方法之一就是让自己经历脆弱。据布伦·布朗博士在《大冒险》一书中所说："一旦我们把脆弱和快乐联系起来，答案就非常简单：我们给脆弱予暴击，我们不想被伤害蒙蔽双眼。"在我的康复之旅中，我了解到脆弱性的关键是接受自己和他人本来的状态，而非理想的状态。

在离家不远的一次短途旅行中，我的女儿在池塘边和一个小女孩交了朋友；小女孩的妈妈当时就坐在我的旁边，她向我提及一本我所撰写的关于焦虑的书，并进而谈到了她丈夫的出轨。乡村的环境让我感到放松，于是我就和她分享了我的经历。虽然她丈夫出轨的事发生在几年前，但造成的伤痛和紧张感在她身上依然清晰可见。她在考虑是否应该和丈夫住在一起。我问她两人是否仍然相爱。她回答："他不在的时候我感觉好多了。"至于他是否爱妻子，她不确定。这时她转向我说："你怎么能如此确定你丈夫爱你？"我的回答是，"因为我能感觉到"。

认识脆弱的最自然的方法之一就是注视自己的眼睛或另一个人的眼睛，因为眼睛是心灵的窗户。如果你看着镜子，直接对自己说话（同时直视你的眼睛），你会真切地感受到自己的情绪。经过几个月的夫妻治疗，我和丈夫被安排坐在两张直背椅上，相距只有几英寸，直视对方的眼睛。眼中滑落的泪水说明了一切。虽然当时我对此一无所知，但我现在知道了，快乐连同我的情感结构一道被下载到我的心里，并构成了我和丈夫关系的基础。

要点重述

· 通过将注意力放在"第三只眼"和心脏中心。

· 深入地呼吸。

· 如果你需要让快乐具体化，想象大自然的场景。

· 将快乐视为强大的清洁剂。

· 了解待等和拥有之间的区别。

· 关注生活中那些温柔地将你推向快乐的事物。

· 接受自己的脆弱能帮你感受快乐。

清洁提示：更换电池

伸出一只手，手指并拢，掌心朝外，按照先逆时针、再顺时针的顺序在你的身体前几英寸处上下画圆。你可以站着做这个动作，也可以坐在椅子上做这个动作，在这个过程中要挺直后背。这样你的手就能从你的耻骨开始，经由你的肚脐、心脏、喉咙、双眉，最后来到头顶。当你进行这个动作的时侯，不妨配以柔和的呼吸，并用 3 次深呼吸结束。

∨∨
∨

步骤5：成为自己内在的滋养者

"我的人生不取决于发生在我身上的事情，而是取决于我的选择。"

——卡尔·古斯塔夫·荣格

在情绪疗愈中，"滋养"指我们如何培养和应对人际关系。我们的人际关系可以通过技巧加强，在这里你将学到如何欣赏他人、交流你的感受（而非思想）、强化你的声音、表达你的诉求、欣赏他人的优点，以及学会宽容。

不管你喜欢与否，有些人会期望你做出反应，他们甚至会测试你。你的身体（能量）也会期望你做出反应。一旦通过消化情绪和选择快乐来提高能量，你将有可能跳出原有的模式。

你将以感激之情滋养你的关系。你可以每天拿出 3~5 分钟练习这 7 个步骤。大声表达自己的感激之情，就像大声背诵祷文那样。要克服恐惧，你必须要与爱建立连接，而感恩能帮你实现这点。

学会欣赏

我和丈夫从我们的治疗师那里学到了欣赏的价值。我们学习欣赏对方所做的一切，从"我欣赏你清理垃圾"到"我欣赏你爱我们的孩子"。

同时，我开始尝试在那些我认为沉重的人或事上挖掘值得欣赏的部分。当我大声说出一句欣赏的话时，我注意到我的身体会立即做出反应，开始大口吸气。当我呼气时，我想象着把这种欣赏之情传递到世界上。欣赏别人的好处，让我收获很好的体验。

不妨试试从沉重的反应中发现能滋养你的地方。下表中提及的情况可能会引发你的反应性，当我们遇到这样的情况，可以用后续的句式引导我们把糟糕的反应性转换为积极的体验。

· 当你为自己形象欠佳感到焦虑时，你可以采用这个句式开头引导自己发掘自己的优势："我身体值得欣赏的地方在……"

· 当你对工作感到不满意或工作受阻时，你可以采用这个句式开头引导自己发掘工作中的积极因素："这份工作能让人有收获的地方在于……"

· 当你为别人不喜欢你而感到苦恼时，你可以采用这个句式开头引导自己主动发现对方的优点："那个人值得欣赏的地方在于……"

· 当你为自己没有钱感到苦恼时，你可以采用这个句式开头引导自己转变对钱的态度："钱的作用在于……"

当你开始学会欣赏周围的一切时，你将从生活中得到更多滋养。学会欣赏能让你把七步疗愈法渗透到你的生活当中。当你对生活充满负面感受时不妨通过这个方法让自己重新与生活中的美好连接起来。

凝视

"凝视"，是一种注视的技巧。练习凝视有助于集中注意力，同时能提供深层次的内在体验。

当我和丈夫第一次接受治疗时，我们所做的就是注视对方的眼睛。当我们处于痛苦中时，我们会倾向回避对方的注视，因为我们投入了很多精力来保护自己的痛苦。凝视可以为你的灵魂打开一扇窗户。如果你发现有人选择了逃避，那么你可以考虑通过眼神交流来治愈你们的关系。

请放弃你对对方的期待和规划，这只会增加对方的防御心理。你可能会想"我会注视着女儿的眼睛，让她敞开心扉"，或者"我会和他眼神交流，这样我的伴侣就会正视他的问题"。但这会妨碍你们的进展。

我们不妨来看一下"关注你的期待"和"真正地关注对方"这两者的区别：

关注你的期待	真正地关注对方
关注的是你将获得或实现什么	关注的是处于一种连接状态
关注的是问题	关注双方是否处于链接的状态
关注的是过去和未来	关注的是现在
心中可能有一个既定目标	敞开心扉，认真倾听

沟通

要想在关系中得到滋养，健康的沟通是必不可少的。这不仅仅是指你所讲和未讲的，健康的沟通不仅关于你到底讲了什么，它同时引导你关注你的身体，它滋养你创造爱和幸福的能力。

在我们刚出生时，我们靠感受来交流。这种习惯会在我们成长的过程中被强化。

一开始，这似乎是一件好事，然而我发现，这些无意识的模式有可能对你的情感和身体造成伤害：因为你已经学会了如何通过保护（抑制你内心的能量）或努力使事情变得更好（释放你内心的能量）来控制不适（无论是你自己的还是他人的）。其中一个方式就是避免目光接触。

但你的身体是一个整体，也就是说影响内心的东西也会影响身体的其他部位，比如喉咙。当沟通出现阻碍时，你的攻击性和防御性可能会变强。我的客户也承认在这种情况下，他们通常会选择咆哮，或者隐瞒自己的真实感受。当我引导他们审视整个过程时，他们可以看到是喉咙受阻导致他们发生了这些问题。

当你学会倾听自己的身体时，你才能改变这种倾向。你要注意到身体处于何种状态，让自己平静下来。

成为倾听者

沟通可以是有益的，也可以是有害的。我们要寻找高品质、有营养的对话。

过去，我常常把更多的注意力放在准备我的回答上，而不是倾听别人的话。在重建关系的过程中，我学习了如何倾听。七步疗愈法是一个内化的过程，在这个过程中，我们始终都在学习如何倾听我们的身体。我鼓励你将这些技能付诸实践，并在一些亲密的关系中尝试一下。

现代人更习惯通过短信或文字或者表情符号来传递感受，但这种短暂的接触通常都难以持久，因为我们需要的其实是真实、亲密、原始的联系。

在接受情绪疗愈后，我选择坐下来面对面同我的丈夫和孩子交流。我们达成了一项协议，即我们总是先问对方，是否觉得现在处于可以进行对话的状态。这给了我们所有人一个机会，为我们创造了一个人人都感到安全的环境。

　　培养倾听能力需要两种技能：首先，你要能长时间地关注并能重复对方所说的话；其次，你要有在对话中接收能量的意愿，而不预先把某件事当成某种威胁或是针对。

镜像

　　镜像（重复对方说过的话）是一种沟通技巧。当一个人表示他可能会考试不及格的时候，听到消息的人可能会反问"你用功学习了吗？"或者安慰对方"不，你会做得很好。"这些类型的反应可能是我们在下意识地控制自己和他人的情绪。

　　当我的大女儿准备学开车的时候，我问她一天会买什么样的车。她回答说："一辆大 SUV（运动型多用途汽车）。"

　　我问："为什么？"

　　她答道："因为我想旅行，我需要很多座位。"

　　我接着问："哦，你带别人去吗？"

　　她回答道："也许吧。"

　　突然，我感到一阵眩晕。我的脑海中浮现了 100 个想法，想象着她离开家，被困在一个没有手机信号的偏远地方。我难以抑制想要告诉她这个想法不现实的冲动。当我做出反应时，她说："看，妈妈，我什么事都不应该告诉你。"

这个例子恰恰说明了，当我们在做出反应之前，减少我们的反应性是多么重要，不仅是因为这些事会破坏联系，而是因为没有人能感受到他人的全部情感。当一个人突然做出反应时，其他人也会跟着做出反应。你只能控制你自己。

所以，你要放松，而不是把更多的注意力和意识放在判断上。大多数时候，细节都是无关紧要的，并且会随着人们的情绪、环境对他们的影响而改变。

当我在教授有关焦虑的课程时，我能很容易注意到学生之间的个体差异——哪些学生在与他人交谈前做了"身体扫描"，哪些学生没有。他们自己也对这种差异感到惊讶。忘记"身体扫描"意味着你置身于吸收别人负面能量（例如焦虑、愤怒或恐惧）和泄露自己的能量的风险中。如果你在谈话中感到烦躁或心烦意乱，就会发生这种情况。"扫描"你的身体可以帮你建立对恐惧的免疫力。

重新定义独立性

可能你认为，你不需要任何人或任何东西，无论缺少谁你都能独善其身。然而，这种心态很容易造成沟通障碍。你可能会在前一秒还感受良好，却在下一秒感到孤独。这种不需要他人的心态虽然会让你显得有优越感，但可能会使人们不愿意与你接触或联系。

如果你内心相信自己不需要任何人，那么你的身体可能会认为你不需要能量。选择让自己认为自己不需要能量，和自我设限没有区别。这可能会导致当能量显现出来时（例如：爱、情感、注意力），你会因为太过独立而无法接受它。

当你不以二元对立（非黑即白、非好即坏）的态度看待事件时，你将能体验到能量的流动，你将能与他人建立健康的关系。也就是说，当你过于独立时，你可能处于一种和他人断开的状态。不妨感受一下当你选择与他人断开和选择与他人连接的时候有什么差别。

当你选择与他人断开	当你选择与他人连接
我不需要任何人	我与周围的人都有关联
我独自尝试	我在（我所处的环境中）选择
因孤立无援而事必躬亲	协作带给你更多可能性和选择
我不想受他人的影响	我不再画地为牢，获得真解放
我承受了（太多）	我允许（一切发生）

培养信念

信仰意味着坚信自己所相信的事物。

我永远不会忘记，有一天，丈夫遛完狗回家后对我说："雪莉，我有种感觉，我们要开始祈祷。"那天发生了拉斯维加斯恐怖枪击事件。此后，我常常想可能丈夫当时有预感，内心的某些直觉知道这个世界需要祈祷。

这就是当我们开始拥抱自己全部情感时可能发生的事情。我们的情绪能量将给我们某种意识，而不是通过反应导致混乱和恐惧。随着这种能量的增长，我们可以帮助治愈这个世界。

113

这就是为什么我会在完成七步疗愈法的步骤后阅读经文或关于精神的文本。当你在恐惧中祈祷的时候，你可能不会得到祈祷信仰所创造的能量。

宽恕

宽容让你能拥抱你的全部情感。不宽容会让人分心。

某一天中午，我躺在床上哭泣，丈夫在我身边说："我很抱歉，我会为我的余生感到遗憾的。"就在那时，我听到自己说："我原谅你。"

宽恕是双向的。当我们允许自己感受到全部的情感时，我们不仅宽恕了别人，也宽恕了自己。宽恕是自然的爱的方式之一，不仅是爱别人，也是爱自己。

不宽恕使我们感到痛苦。如果你感到内疚、羞耻和恐惧，你将很难接受宽恕。宽恕是一个过程，这意味着要拥抱自己的全部情感。

接受宽恕更具挑战性。大多数人会认为被宽恕是一种耻辱，因为这会给一段关系造成压力。

很多人可能很难理解，施以宽恕意味着必须重温过去，我为什么能这么快原谅我的丈夫？这就是宽恕的力量。在情绪能量被消化之前，一切都不会改变。我们可以将重点放在"我应该原谅他吗？我准备好了吗？"这类问题上，而不是让自己一遍一遍复习当时糟糕的感觉。学习宽恕让我把注意力从丈夫的身上挪开，转而关注自己。

要点重述

· 每天向某人大声表达感激之情。

· 培养凝视能力。

· 放弃规划，要做到真诚。

· 练习不加评判的倾听能力。

· 祈祷是因为信仰，而非恐惧。

· 设定治愈的意图，宽恕就会随之而来。

清洁提示：接收能量

    合并双掌，并把双手放在一起用力搓热，同时，身体挺直坐好，持续约 20 秒时间。分开双手，一只手放在心脏处，另一只手放在喉咙处。我们可以多次重复感受这个过程，在呼吸中关注心脏和喉咙处的跳动。接受能量意味着你必须采取一种开放的态度，这就是宽恕的感觉。

步骤6：允许一切发生

走向改变的第一步是意识，第二步是接受。

——纳撒尼尔·布兰登

　　我希望你能意识到情感的价值，如此你就不必为琐碎的事物驻足。你可以拥有想要的生活。屈服不是为了摆脱你的情绪，而是为了实现治愈。在这一步中，你将感受到大地母亲在疗愈中的作用。你可以尝试允许一切发生。

流动

当我看电视的时候，我会因为一些小事而烦躁，比如薯片袋的声音。我经常会强忍着疲倦在一天结束后反思白天是不是做得不够好，比如：如果我微笑恭维别人，或者在家庭聚会上洗盘子，他们是不是会更喜欢我？我也无数次和自己说：放手吧。

放手很难，因为这个过程迫使你把注意力放到你想要摆脱的东西上（例如，你感到自己不受欢迎这件事）。

允许一切发生并不是妥协，而是让我们的情感流动起来。我们都知道，让你感到烦躁的其实不是薯片袋发出的声音，而是我们感到无法控制自己的情绪。

坦诚

在成长的过程中，你有没有向母亲隐瞒过什么？也许你隐瞒了一些细节或者修改了一个故事。但这些秘密最终还是会暴露出来，虽然这可能需要几年时间。众所周知，妈妈们都有种

118

能力，能从微妙的肢体语言察觉到不太对劲的地方。

我们的地球母亲也是这样运作的。她倾听我们的振动，这些振动的质量很重要。当我们重复那些消极或低能量的词时，它们会像烟雾或化学物质一样污染我们的环境。当我们向地球母亲发出爱和尊重的信息，我们与她就建立了一种诚实、开放和治愈的关系。

呼吸练习

呼吸非常重要，它能训练你的思想和身体，增强你接受和信任事物的能力。

通过前边的步骤，我们为学习呼吸做好了准备。呼吸能帮我们释放恐惧、焦虑和悲伤。

当我注意到一种受伤的感觉（心碎、不安全感）时，我会选择集中注意力吸气，为身体注入新的能量。沉迷在自己是受害者的情绪中会阻拦你的进步。

试试这个：

· 拿出点时间，闭上眼睛如何。

· 放松肩膀，深呼吸。在呼气时主动连接你的核心，在吸气时感受你的身体。

· 不要太用力。你越仔细感受自己的吸气，气息就会越膨胀。

迈出舒适区

迈出舒适区意味着你必须有所取舍。我在客户身上看到的是一种"那艘船已经航行"的心态。这种态度迫使他们专注于某些领域，而忽视了其他领域。我明白了，我也做到了。虽然我的业务能力很强，但当涉及婚姻问题时，我常设法视而不见。这是因为在那个时候，思考或讨论这些困扰我的事情似乎是无用的。

情绪疗愈教给我的是改变永远不会太迟。当你开始吸气的时候，我想让你想象着放大自己想要在生活中创造的东西。当你过度关注呼气时，你的吸气就会被切断。这意味着你已经过度关注发生在身上的事情，而不是因你而发生的事情。

想象一下你正在闻一朵美丽的花，关注自己的吸气，关注当你吸入花的自然香味时，你吸气的深度。当你感到被旧的思想影响时，我鼓励你像感受花香一样呼吸。这就是将旧模式打破的感觉。

过去，我总是过度为自己辩解。后来，我的孩子告诉我，我的讲座太啰唆了。我选择向这件事屈服，正是通过培养和关注自己的吸气，我开始改变这个习惯。

深入的呼吸能帮我们放弃旧模式并重新关注当下。如果我们总是将注意力放到那些负面的事物上，我们将再度打回消极反应的状态。让我们深入地呼吸，允许一切发生。

经常有负罪感

当我们"感觉不好"时，我们会感到负罪感。当我们被负罪感淹没时，我们可能会感到愤怒和讽刺。

很多人不相信自己的直觉，并让负罪感来决定他们会遭受多长时间的痛苦。如果你发现自己通过负罪感来控制或管理一个局面（"我应该"或"我不应该"），那么在这条路上的某个地方，你就偏离了方向，走上了自虐的道路。难道我不知道自己的婚姻有问题吗？我知道，但我选择视而不见，因为我成了负罪感的奴隶。为自己花钱、为自己花时间、做了一顿糟糕的晚餐、睡得太早、工作太迟、错过了孩子的一次野外旅行或没给母亲打电话，这些事都让我感到自己不够好。

内疚常常与害怕让别人失望联系在一起。为了他人，我们牺牲了自己的情感体验。七步疗愈法让我们可以选择另一种方式，而非被负罪感压垮。

自我接受

据《今日心理学》杂志的作者利昂·F.塞尔茨博士说，自尊和自我接受是不一样的。他写道："自尊心专指我们看待自己的价值……自我接受是无条件的，无须任何资质。我们可以认识到自己的弱点、局限和不足，但这些决不会妨碍我们完全接受自己的能力。"

这是情绪疗愈教给我的。当你停止这一切挣扎（反应），允许一切发生，你将开始进入治愈的状态。

我曾与缺失父爱或母爱的客户合作过。也许因为他们是在单亲家庭中长大的，或者父母中的一方比另一方照顾得多，当我引导他们练习七步疗愈法时，他们总是会陷入内疚和自责。通过学习区别自尊和自我接受之间的不同，他们才开始放弃这些旧的看待事物的方式。

回归自我意味着你将停止拿自己与他人进行比较。这对那些受过良好学校教育的人来说或许是很困难的。通常，学校是一个让你学会与他人比较以应付各种压力的地方。归根结底，无论你处于何种环境，实践自我接纳都可以帮助你放松下来，让你能真正学会接纳自己，接纳那个不那么完美的自己。

最常见的下意识恐惧之一是害怕犯错。这会导致我们自我惩罚，严厉地批评自己。如果不做出有意识的改变，这些判断会打击你的自尊，让接受自我看起来像是一个很高的要求。

弄清楚两者之间的区别将有助于你放弃旧的倾向，同时把注意力放在你生活中想接纳的东西上（自我接受）。一旦你决定自我接纳，自尊会随之而来。下面的表格将帮助你理解这两个概念之间的区别。

自尊	自我接受
专注于能力	专注于同情心
专注于自我形象	专注于自我意识
建立自信	建立关系
增强尝试新事物的能力	增强容忍差异的能力
关乎衡量	关乎恢复力
与需求交织在一起	与信赖交织在一起

真爱会战胜一切

你不必执着于提高自己，你要做你自己。这意味着你可以在没有反应的情况下消化你的情绪。

怀疑你是否"需要"去消化你的情绪就相当于问"我需要一座桥梁连接我的思想和身体吗？"须知，你本人恰是大脑和身体之间的纽带。我们大部分的反应都是由创伤引起的，而不是由某一个特定事件引起的。为了更好地将疗愈过程进行下去，我建议你把情绪疗愈看作是一种服务而不是治疗。

起初，这些步骤似乎是一种治疗方式。一旦我进入服从阶段，一切都会改变。我不把清除反应看作一个步骤，而把它看作对自己和家人的一种服务。对我来说，这是一种帮助（而不是阻止）正在发生的事情的方法。于是我发现，我不用如此努力，好运也会到来。

在我流泪的时候我会暴露内心最大的恐惧——直面自己的感受。我觉得如果对自己的感觉诚实的话，我会搞砸一切。后来，我的丈夫会帮助我治愈这种恐惧，他直视我的眼睛说："和我在一起，你不必担心犯错误，因为我会以你的方式爱你，你永远不需要改变。"说来奇怪，曾经背叛我的人同时也爱着我，但就在那一刻，我意识到爱是多么强大，从那一刻起，我心里默念的是"真爱会战胜一切！"

关闭

关闭意味着一些事情已经完成，事情迎来了一个终点。旧的看待事物的方式已经结束。例如，也许在蜜月结束后，你看待你另一半的方式就改变了。"关闭"需要时间，你还有太多的事需要去学习。为了达到真正的关闭，你会发现你需要经历培养自我意识和自我接受的过程。

对我来说，实现关闭的境界是双重的。我必须为自己在婚姻破裂中的角色承担责任。我对自己很苛刻，所以我的情绪从来没有机会被完全消化。关闭意味着我要对自己的感受负责，更多地关注我的身体反馈。

如果你发现你的反应水平一直在上升，那么你可能会错过自己的身体信息。就我而言，我必须为我的疲劳负责，不仅仅是身体上的疲劳，还有精神上的疲劳。这意味着我需要学会说"不"，放弃面面俱到，去接受真正健康的生活方式（如保持锻炼、健康饮食），而不是把它们当作一项任务。

当你练习这些步骤时，你正在提高你的自我意识水平，你正在从内到外经历变化。这种脱胎换骨的改变并不容易，在疗愈过程中，你也可能需要额外的温柔照顾。

在这个阶段，你要允许自己休息。有很多次，我在做三明治和汤当晚餐的间歇，会一屁股坐在沙发上，放松一下。你总要在生活中为自己找到一可以喘气的间歇，否则你很容易把自己逼到极限，并最终对自己处理事情的方式感到失望。

结束前一阶段并非因为你决定终结这一切，而是因为你愿意尝试新的开始。如果我觉得自己被一个新的开始束缚住，无法敞开心扉，那么我会不断向自己追问，并通呼吸消化这一切。

调料太多了

在丈夫出轨事件发生后的一年里，我经常在思考，但很少谈及这件事。虽然我会继续尊重情绪疗愈这个过程，但我做了一个有意识的决定，要注意我与他人分享的内容和时间。我甚至会关注那些我想要分享但又退缩的时刻。正是在那些时刻，我意识到我有一个选择，要么回到过去，要么与当下连接。就像在沙拉里放了太多的调料一样，过度分享不是好事——如果你的故事太过夸张，向所有人倾诉你的遭遇，会干扰你疗愈的过程。

有段时间，我在开车的时候会听有声读物：凯洛琳·梅斯所著的《为什么伤口无法愈合及人们如何获得康复》。我听到，"把我们的精力投入过去，就像试图让一具死尸复活一样"。过去不会提供生命力，只有现在才会。现在，我想问："你把精力投资在哪里——过去还是现在？"我一直选择现在，直至变成习惯——无须自问，因为身体和心灵的选择是很明确的。

要点重述

· 允许一切发生，让能量流动。

· 通过扩张肺部来感受更多气体的吸入，想象一下闻到一朵美丽的花的自然香气。

· 用接受代替负罪感。

· 了解自己的内外变化；给自己时间、空间和额外的温柔呵护。

· 尝试"关闭"，尝试结束，允许自己往下走。

清洁提示：祈祷

祈祷配合呼吸练习能让你更好地关注当下。祈祷意味着花一些时间来赞美造物主，这是一种虔诚的实践。无论是向谁祈祷，只要适合你就好。在这过程中，你得到的支持比你想象得要多。

步骤 7：重塑你的内心安定

这是最后一步，你会问自己：如果我没有特别的感应，我该怎么办？答案是关注自己的感受。你的原始感受（而不是想法）将给你的生活带来了更多的平静和安逸。你将学会如何看待批评，以及如何回应自己的需求。这一步还将解决许多人所回避的那个问题：信任。你会学到什么是信任，以及如何在被背叛之后，为爱挺身而出。

我们首先要学习如何建立信任。如果没有信任，你将无法用正确的手段应对恐惧。信任是手段的基础，而不是结果。

建立信任

信任发生在你与感情，而非恐惧交流的时候。它是对某物或某人可靠性的坚定信念。你可以相信某人的所说、所做的是真的。无论你是想得到别人的信任，还是想知道在被背叛后如何信任对方，记住：信任的构建不是从别人，而是从你自己开始的。建立信任需要 3 个关键要素：脆弱性（感觉）、界限和同情心。

每年 2 次，我和丈夫都会分别出去周末旅行，丈夫和男人们一起去徒步旅行，我则和女孩们在一个农场度周末。在上次旅行中，早上当我醒来时收到了一条紧急短信，上面写着，"妈妈，妈妈，妈妈，紧急情况，现在去游泳池吧！"一瞬间我脑子里闪过无数可怕的想法，在随后大约 10 分钟里，我找不到我的大女儿，只有 1 条短信，上面说有紧急情况。虽然事后证明有惊无险，但在那个周末剩下的时间里，我都没从那种紧张的心情中缓过来。但是，当丈夫给我发短信问候时，我回答说："一切都很好，爱你。"一切似乎都很好，直到我把车开进车道，打开车门，走进房子，听到他说周末过得多么棒。我很难过——他不知道我经历了什么！丈夫无奈说："雪莉，我如何能从你的字里行间读出你的不开心？你告诉我你很好。"

那个周末，我能学到的关于建立信任的是，当我们对自己的感情不诚实时，就永远无法与别人建立信任感。当我的身体处于高度反应状态时，我告诉我的丈夫一切都很好，我陷入了一种保护而非感受自己的情绪的旧模式。如果能重来一次，我会说："当我收到你的短信时，我感到害怕、紧张和孤独。"当我们开始基于情感交流而不是基于反应交流，信任，开始扎根。当然，交流真实的感受可能会在我们的身体里激起一层涟漪。所以如果你处于类似的情况下，回到七步疗愈法的最开始，把所有的步骤重新练习一遍，我保证你会感受到安逸。

边界

当你明确你的边界在哪里时，边界的存在可以增强你观察自己和周围环境的能力。反之，你很容易因为边界的缺位而忽视自己的感受。如果你曾有过因为边界模糊而忽视了自己身体状态的经历，那么你将更能对这段话感同身受。

不是所有人都能明确自己的边界，因此我们有时无法正确地解读对话，我们可能会误解我们所感受到的能量。

过度关注别人是无助于开展一段彼此信任的关系的。如果我们总是依赖反应而非自我意识来观察全局，我们很难推进一段顺利的关系。

在丈夫出轨之前，我们之间有过信任危机。我能感受到这一点是因为我感到他离我很远。学习设定界限，不去过度关注他的行为，而是培养我对他的信任，这让我了解到了真正的他和他所能做的一切。

那些在不稳定的环境中长大的人会明白我的意思。并不是因为我忍饥挨饿或是没有父母关爱，但为了照顾好自己，我学会了过度关注外面发生的事情——你不知道接下来会发生什么，所以就变得对他人格外留心。

设定边界让我们能集中我们的能量。我们不再花时间去寻找、指责或分析他人。我们的任务不是裁定某人是否值得，而是练习如何信任自己的情绪。实现这点的路径之一就是练习七步疗愈法。

设定内部界限的一种方法是注意你何时过度关注他人或自己的问题。与其进行裁定，不如尝试以下方法：

· 伸展背部，感受你的腹部和盆底肌。

· 呼气时提起骨盆底肌。

· 下巴一定要保持放松。

· 尝试深入地呼吸，如果你的吸气无法深入到腹部，回到七步疗愈法的开头，重新练习所有步骤。

这将使你回到当下。

我发现，边界感松散的人更倾向于试图控制他人。他们可能经常对自己说"冷静下来"，支配、打断或重新安排他们的日程。这些办法或许有用，但他们永远学不会相信自己的情绪流动。他们的行为和反应会阻止情绪的正常流动。这和对你的身体说"我不相信自己的感觉，所以快点停下来"没有两样。没有边界感会破坏能量，而不是补充能量。

当你练习设定边界时，你的思想、身体和精神开始融合。你的自我认知也许你会鼓起勇气直抒胸臆，做出决定或者改变。

接纳脆弱

允许自己变得脆弱，意味着你愿意敞开心扉，表现出真实的自我。脆弱性是一种感觉赤裸裸、开放和暴露的状态。

我想让你知道脆弱往往伴随着一些不确定和紧张感，这是因为你正处在转变的阶段。重要的是，你要注意你是否对紧张或不确定做出了反应，而不是任由他们发生。

教瑜伽的时候，我经常让学生平躺在地板上，在脊柱处垫一个长枕或垫块，头下面垫一个枕头，使臀部直接接触地板。这个姿势帮你打开胸腔和喉咙。这个体式能帮你感受自己的脆弱，因为此时你不处于任何反应性当中，体验脆弱性是一门观察自己培养勇气的艺术。

让我举个例子。想象一下，如果一个孩子感到悲伤和不安，你可以去问那个孩子怎么了，也可以轻抚他的背，告诉他一切都会好起来的。当你问发生了什么事的时候，你也是在问你自己，给自己一个机会去面对正在发生的事情。此时，你并不需要把一切搞懂，你不妨先给自己一些同情。当你处于脆弱的状态时，你正与你的核心自我和你的原始情感接触。当你告诉某个人一切都会好起来时，对方是处于脆弱状态还是反应状态，结果是有很大区别的。你亦如此。

当你将以下 8 个新策略应用到一种脆弱的状态时，你是在对纯粹的自己说话，那部分是未过滤的、开放的，正在接受爱、成长和疗愈。

8 种更新能量的方法

情绪疗愈能给自己和他人更多关爱，这里有 8 种方法能帮你更新自己和他人的能量。了解以下工具和策略是指导方针。你不必全部照做！你会发现，一旦建立了信任，你的内心就会变得更加开放，并且愿意实践这些策略。

一、活在当下

想要更安逸的生活，首先你要关注自己当前的表现。这意味着你要提高自己观察身体感受的能力，并通过练习七步疗愈法来控制反应水平。问自己：我表现的目的是什么？你要表现出倾听和尊重的意愿。通过停顿和呼吸提升观察身体感受的能力，是一种尊重内在感受的方式。

二、一次做一件事

把手机收起来，不要发短信或查看电子邮件，把注意力集中在正在发生的事情上。如有必要，让别人知道你在工作，在一定时期内不会回复信息。最酷的部分是，你能从自己的存在中获得情绪能量，从而提高工作效率。

三、知道自己的暂停按钮在哪里

按瑜珈的相关理论，你的暂停按钮不在你的大脑里，在你的肚脐处。你肚脐周围的区域也被称为你的能量中心。当你被踢到肚子或腹部受凉时，你能充分体会到这个区域的重要性。当你感到不知所措或焦虑时，不妨试着把你的肚脐向脊柱方向收缩，就像踩刹车踏板一样。这将有助于在你的各种思绪之间创造更多的空间，帮你调整呼吸。

四、发挥想象力

想象力能给你的生活带来更多的安逸，这并不意味着你需要成为一个艺术家。爱因斯坦说："智慧的真正标志不是知识，而是想象力。"这就是引导性冥想如此强大的原因。想象一下，一条闪闪发光的水流在自净的同时，净化着这个世界。想象一下，一棵美丽的树，枝条摇曳，在经历疾风骤雨后变得高大强壮。想象一下，大地母亲是多么有奉献精神、多么强大。

在我每天的七步疗愈法练习做最后环节，我会想象和孩子在海滩上跑步。我总是以想象自己在一个美丽的地方或做我喜欢的事情的图景结束当天的疗愈。

五、做自己喜欢的事情

兴趣爱好可以是一个很好的享受来源，从骑自行车到园艺创作、插花、编织、写作、阅读、跳舞或练习瑜伽。在情绪疗愈期间，我开始上舞蹈课。为了增强安逸感，当生活变得机械化时，我会腾出时间放松，花时间和朋友在一起，让自己享受生活中简单的快乐。

六、整理，井井有条

当你经过一个杂乱的房间时，你是否会感觉自己的心里被堵得满满的？被束缚的情绪就像一堵砖墙。问问自己："我在心中储存了什么杂物？"这些杂物创造的阻力让自己如何轻松安逸地继续生活？对我来说，清理玩具箱和厨房橱柜让我感到自由！

七、用心吃饭

当你学会更流畅地消化你的情绪时，你与食物的关系也会改变。我建议你一天中至少选择一顿饭认认真真地吃，不要分心（看电视、打电话等），慢慢咀嚼食物，品尝它们的味道。

八、培养仪式感

仪式不同于常规。日常生活中有很多我们每天都在做的事情，比如刷牙和吃饭。而仪式可以增强我们与他人联系能力。比如饭前祈祷，写下令你感激的事情，点上蜡烛，星期天做汤，或者留下一张表达爱意的字条，都是一种仪式。

仪式感会把平和带进你的心房和家庭。在很多方面，七步疗愈法之于我已经成为一种仪式，我希望它同样对你有用。仪多感是可以培养的，他能帮我们克服很多负能量。

我建议创造一个"放手"的仪式。

下面是一些我最喜欢的放手仪式，可从中挑选最适合你的：

· 在通勤途中、吃饭时或睡觉前，听听舒缓的音乐。

· 散步，让我们姑且称之为"放手"散步。

· 发挥想象力。想象一股强风吹走你所有的恐惧和忧虑，想象你正在草地上、池塘边或海边轻松的微笑，自在的呼吸。

· 冥想。坐在一个舒适的、光线柔和的房间里，闭上眼睛。观察你的身体和呼吸，不要做出评判。如果你喜欢，你可以练习引导式冥想或听柔和、舒缓的音乐。大自然的声音可以帮助你放松。

表达你的需求

当你建立信任时，你会发现满足你的需求更容易了。这是实现生活安逸的重要部分，因为在过去，你可能会感到不值得。七步疗愈法将帮助你培养勇气。首先，了解生存所需和发展所需两者之间的区别。

生存所需	生活所需
食物	连接（拥抱、亲吻）
水	情绪流动（感受完整的情绪）
避风港（界线）	感到踏实，有安全感

这是个开放性表格，如有必要，可自行添加。

选择你的口味

一个小的香草冰激凌蛋卷比一个装满软糖、花生酱和奶油的圣代更容易消化，泄气的话比提气的话更难消化。让我们通过下表感受一下泄气的话和提气的话带给人的不同感受。

泄气的话	提气的话
我不能，我应该	我选择
你总是	我感觉
无所谓，随便	这对我来说没问题
都行	是的
从不，应该，可能，总是	我会，我是，我有

不是针对你个人的

当你开始将疗愈心态应用到生活中时，你看待他人的方式就会变得截然不同。你开始能体谅他们的痛苦。我们可以使用七步疗愈法来提醒自己，我们的主要目标是减少反应性，而不是采用传统的防御、批评、无视或批判方式。我们可以学习如何给予和接受反馈，而不与他人断开联系。

下表展示了什么话是在批评对方，什么话是在表达自己的感受。

批评对方	表达自己的感受
你迟到了 10 分钟	当你守时的时候，我感觉你是在意我的
即使我做到很好你也觉察不到	谢谢你喜欢我做的饭
这里只有我在做事	我现在心乱如麻，感到沮丧

要点重述

· 注意你是否过度关注他人或自己的问题。

· 将注意力放在自己身上。

· 谈论你的感受（如害怕、不安全），而不是你的想法。

· 强化自己的核心力量，建立自己的内在边界。

· 通过自我关怀了解自己的能量，培养自信。

· 整合技巧和策略，以提高安逸度。

· 将对对方的批评转变为向对方表达自己的感受。

第三部分

做自己快乐的守护者

由朗达·拜恩撰写的《秘密》这本书向我们提示了吸引力法则对我们的影响，但是根据迪帕克·乔普拉的说法，映射定律更具有借鉴意义。映射定律认为，我们在别人身上的所见不过是我们自身的一种映射，不同的只是表现形式。"我就是我看到的自己，我看到的自己就是我。"

在我陷入情绪危机期间，我的脑海中总有个声音在问自己："是我导致这一切的发生吗？"我曾因为恐惧而导致某些事往不对劲的方向发展。如果我能消化我的情绪，而不是对我的全部情绪做出反应，我会更好地表达我的感受。例如，我可能会说："我觉得与你交流的切断让我感到孤独。"当时，我太害怕了，我怕如果我说错了话，他就会离开。当时我不知道的是，我最害怕的事情已经发生了。

七步疗愈法教我们如何重塑感受。它打破了恐惧的铜墙铁壁。如果没有这种能量，你很可能会默认进入旧的恐惧模式。七步疗愈法能帮你达成同吸引力法则相同的效果。

后来我发现丈夫也害怕失去我，他告诉我他感觉很糟糕。说了这么多，做了这么多，我想他从来没有想过我会重新接纳他，我自己也没想到我会这样做。爱以一种有趣的方式，让我们收获惊喜，对此我很感激。

我们的情感是与生俱来的，而反应是我们后天习得的东西。为了帮助你坚持这个疗愈计划，你必须了解有的人会做一些事，结果干扰了自己的进展。就像节食，刚开始一段时间你坚持得很好，但慢慢地又滑回了原来的模式。明白这点对情绪疗愈很有帮助。在走上正确的道路之前，重要的一点是要明白情绪疗愈是如何被破坏的。

〉〉
〉〉

你的疗愈成果是如何被破坏的

精神生活的本质就是正确地使用我们的自由意志。

——茹阿达纳特·斯瓦米

大多数自我破坏行为都是后天习得的。我认为它们就像人造甜味剂一样——提供很少的营养，却让你沉迷。这些行为可能会让人上瘾，它们会干扰你彰显自己的潜能。它们虽不能让你去感知自己的情绪，却能控制负面情绪；因此，伴随着自我破坏行为而生的往往是一种虚假的安全感。然而，当你进一步练习如何处理你的情绪时，这些习惯和倾向将会消散。

本章将为你揭示，到底是哪些因素阻挡了你取得成果，包括孤立自己、滥用自由意志、陷入对疼痛的依恋、被害妄想、吸收他人的能量、陷入低能量状态以及自我施压等。当你意识到这些的时候，你已经朝着正确的方向迈进。

断开

当你把自己和感觉分开时，当你把自己同他人和自然割裂开来时，你能感受到断开。你可以选择麻痹自己，但是你要知道，如果你在做一些事情来逃避你所面对的压力，你会慢慢地打断自己的疗愈进展。

如果你选择与他人割裂，你同样会在自己的脑海中孤立自己。随着时间的推移，你可能会发现自己开始习惯性地破坏最自然的治疗能力之一，即体验自己的原始情感。到头来，你完全不会被自己的情绪激励，反而开始感到精疲力竭。

我的一位客户乔斯林在结婚 20 年后失去了丈夫。她试图通过忙碌来麻痹自己。由于她一直在努力逃避，所以常常会不知所措，怀疑自己是否出了什么问题，并开始自责，告诉自己本应该恢复得更好。

自责和评判是人们逃避感受的主要方式。这些行为（反应）会让你被困在原地。

忙碌

如果我问你，一天中你什么时候最不耐烦，你很可能会告诉我，是在你忙碌的时候。忙碌是你消极地干扰自己进行情绪处理的最简单的方式，不是因为你想从一个阶段跨越到另一个阶段，而是你匆忙地中断、控制或改变了事情发生的方式。

有一次，有个客户在紧急情况下打电话给我。他说："我感觉不舒服，但我要出去旅行。你能不能给我一个疗程的治疗？"我建议他等到旅行结束回来后再说，这样我们就不用赶时间了。他对此表示很不开心，决定去找另一个医生。人不能急于求成。如果感到无法专注或过于忙碌，我就不会见客户。这是因为我没有在自己身上感觉到能量和治愈反应性的能力。

当我们急于求成时，我们往往最不耐烦。当你进行情绪疗愈时，重要的是要注意你如何抑制这种不耐烦，不仅对你自己，对其他人也是如此。请记住这一点：当人们处于过渡阶段时，他们往往会因为急于求成而让自己更不耐烦，你可以通过练习疗愈步骤来让自己放慢速度和频率。

滥用自由意志

把自由意志当作你的选择自由。就像选择冰沙而不是汉堡包是你的自由意志一样，你也可以选择是恰当处理还是过度处理你的情绪。你可能会出于恐惧而过度处理情绪，不妨给自己一个从爱中来的机会（将七步疗愈法融入你的生活），你将从你的情感中受益。

我们大多数人通常的做法是依据事物给我们带来的感受对其进行有选择性的处理。如果有什么东西让你感觉很好（比如得到鲜花或赞美），那么你会允许自己放纵，反之你就会将其推开。恐惧本身不是问题，问题是你对恐惧的反应导致了自我破坏的发生。情绪疗愈法向你展示了对抗这种现象的结果——一旦你真正处理了你的情绪，所有的能量都会变得很好和有益。

在情绪疗愈过程中，你可以选择消除对恐惧的反应。但如果你坚持选择反应，那也是你的自由意志。我总是会向客户强调这一点。我带他们完成了情绪疗愈的所有步骤，引导他们感受自己的原始情感并从中获益，但有可能他们随后又转过头来，用消极的反应来掩盖情感流动。

他们想要获得立竿见影的修复。快速修复的问题是，它会使你失去能量，从而导致反应性（思考）的增加。不用担心，多次练习会帮助我们改善我们的处境。

对痛苦的依恋

当你依恋痛苦时，你正把自己推向痛苦的深渊，这会让你的疗愈进程看起来很混乱且艰难。情感不是工作，而是体验。情绪的出现是你身上最自然发生的事情，当你试图避免经历痛苦时，其实你是在自己制造新的恐惧。

把经历定义为痛苦只会让困难在你头脑中放大。只有在不做抵抗的情况下关注和尊重自己的情绪，这一切才会发生改变。我必须承认这对我来说是个挑战。当我错误地对情绪做出反应，而不是经历情感的完整性时，其结果是自我摧残。只有承认自己的问题，我才能够在婚姻中坚定地向前迈进。我不再做出情绪性反应，而是选择了新的方式来加强这个过程，并取代之前旧的方式。这帮助我呈现出了新的自我。

情景设计

不自觉的情景设计会破坏我们处理情绪的进程。比如，我们会想要眼前发生的事物与我们的内心相匹配。

想象一下，你现在心情不好，但身边的人却在说笑嬉戏，玩得开心，你可能会感觉自己与他们脱节。这种情况下，你不会用心感受自己的内心，而是把精力放在改变团队的气氛上，使之与自己的内心体验更匹配，进而可能说些煞风景的话，或者提出一个令其他人不舒服的话题。

这些类型的抑制性干扰是我们下意识地处理不适感的方式。问题是，这种应对方式会耗尽能量并训练身体保持反应性。即使当你学会消化你的全部情绪时，仍会有不适的时刻，他这种不适感本身不是问题，对其不恰当的处理方式才是。

情景设计也是成功的营销所惯用的方法之一。例如，广告商让我们相信无糖苏打水比普通苏打水是更好的选择，它们通过贬低另一个选择来匹配你内心的感受。即使你喝不出来无糖苏打水更好，但感觉它更接近你的能量质量。选择节食的人试图控制（限制）自己卡路里（能量）的摄入，这是直达消费者潜意识的绝佳方式。

我现在意识到，在我的婚姻中，我曾经多么擅长情景设计。当丈夫感到沮丧时，我也很难过。为了分散这种情绪，我可能会加入他的挫折感中，让我们两个都感觉好一些。我可能会认同他，觉得整理草坪的工作量太大了，或者家务活干起来没完没了。现在，我决定以不同的方式处理这些问题。

以下是一些进行情景设计所可能采取的方式：

· 改变自己的语调（例如，哪怕自己不在状态时也让自己听上去很好）。

· 尝试修复他人的痛苦，以应对自己的烦恼。

· 抱有乐观心态。

· 分散自己的感情感重心。

· 将注意力转移到别人身上（例如，谈论你的孩子或宠物）。

假想成功

假想成功是获取能量的错误尝试。就像喝了一杯浓缩咖啡一样，想象中的成功可能会帮你快速的提振精神，但也会在短时期内失去其效能。当你想要通过取悦他人、寻求认可或讲八卦消息来给自己一个短暂的提振，可能会有短暂的效果。但是，因为你并没有处理自己的原始情绪，所以这种效果不会持久。

这是因为想象中的成功是你试图证明价值而不是真切感觉到你的价值的方式。这让你更沉溺于思考和工作，以这种方式生活，你的情绪能量会遭到破坏。

苏珊（我的客户）喜欢挑战，她喜欢完成挑战后带来的满足感，在完成这次挑战和期待下一次挑战之间乐此不疲。当她学会了情绪疗愈之后，她开始尝试不把注意力放在结果上，而是通过七步疗愈法对自己的情绪进行周期性地调节。她发现这个过程能带给她完成挑战一样的满足感。她意识到，她可以在整个项目中，通过处理自己的情绪培养这种体验。

一旦你"冲洗掉"身体的反应性，你会发现只剩一种情绪：爱。

情绪影响

人们破坏情绪处理的最常见方式之一就是承担、接受他人的情绪影响，并对他人的情绪感同身受。他们不去认真倾听别人的想法，而是让自己精力充沛地沉浸在痛苦之中。他们没有意识到的是，自己并不处于这种情境却被迫接受了负面的反应。当你结束一场谈话时，你是否感到不安、烦躁、分心或无能为力，更有甚者出现诸如睡眠困难、分心和焦虑等症状？这些能判断出你是否受到了别人的情绪的影响。

就像一块被严重污染的海绵一样，接受别人的不良反应会让你感觉迟钝，对身体的疗愈（清洁）功能也不太有效。这使得处理你的情绪看起来像是一项不可能实现的任务。于是，你很容易被自己吓倒。尽管你可能有强烈的愿望去做改变、调整或适应，但这些负担让这一切举步维艰。

对低能耗的偏执

另一种可能破坏你情绪处理的方式是对低能耗的偏执。正如你可能会只用一个的理发师（即使你并不总是对他做的发型感到满意），你也可能对低能量消耗保有忠诚度。最常见的方式之一就是担心。是的，如果你一直表现得忧心忡忡，那么你就真的偏执于低能耗。

我们中的许多人接受的教育是将忧虑看作爱的一种形式，这给了你错误的印象，即你的爱是可靠的。你可能会相信，当你担心的时候，正是你支持和爱别人的一种表现。问题是，担心会妨碍你处理情绪的能力，增加你对已经发生（过去）或可能发生（未来）的事情进行过度思考和滋生痛苦的可能性。因此，问题依然未被解决，这让你的生活似乎永远不会有休息，总有事情等着要处理。只有当你真正允许自己处理整个情绪时，这些动力和应对机制才会开始有所改变。

自我施压

当你自我施压时，这意味着你在没有得到太多回报的情况下承受了太多，这会阻碍你处理情绪的能力。事情是这样的：当你过度"扩张"自己，让自己无限度地承担额外的责任时，身体只能屈居次要地位，为了更好地处理你的情绪，身体和大脑必须紧密配合，否则会出现紧张、身体疲惫和精神压力大的情况。

蒂姆（我的客户）有一种倾向，认为自己对别人不够好，从而进行自我施压。比如，他可能选择待在家里而不是出门做些有趣的事情，因为他觉得把母亲一个人留在家里很不好。他说服自己的理由是他不想让母亲感到孤独。当我指导蒂姆完成情绪疗愈的这些步骤时，我们会通过步骤2（内省）发现他一直怀有在学校被排斥的旧感觉，因为他能回忆起几次感到孤独的时刻。他从未让自己有机会从这种情绪（反应性）中得到充分的能量，因此这些反应性仍然在困扰着他的生活。事实上，他母亲希望他出去玩，他对社交的抵抗让她倍感为难。正是通过意识到这些问题，并摒弃过去的过度加工情绪的方式，他的状态才有所好转。

清洁提示：安然通过过渡期

当你处于反应性指数很高的过渡期，你能做的最好的事情之一就是花点时间来拉伸。将手臂举过头顶或将头向一侧倾斜，如右耳贴靠右肩，或左耳贴靠左肩。在关节组织中，往往有一些尚未解决的情绪在此"筑巢"，而拉伸有助于释放关节组织的压力。关注拉伸如何改变你的呼吸深度。

∨∨∨
∨∨
∨

提高情绪疗愈效果

通过关注情绪，情绪疗愈的效能可以得以提升。我们已经分析了情绪是如何被阻碍的，下一步我们将关注如何敞开心扉。这种开放的心态决定了我们是单纯地一步步完成疗愈步骤还是真正乐在其中，这是消化情绪的关键。你所选择关注的事物，诸如爱、幸福、自由，能将你整个情感的能量往前推动，而不是被反应状态所抑制。

在我的反应性逐步降下来之后，我开始越过表面现象，更深入地探索情绪，并在这一过程中发现了一些好的方法：真实、连接、选择、谦逊、敞开心扉……这些都会增强情绪疗愈这一过程，帮助你实现梦想的生活。

真实

在开始疗愈之前，我认为自己是一个真实的人，按照自己所坚持的价值观和道德观生活。然而，成为真正的自我不仅仅涉及伦理和道德，也包括如何真实地感受自己的情绪，而不是设计情景使之与自己的情绪相匹配。

如果你像我之前一样，会根据别人对你的看法或你希望他们如何看待你来调整自己的行为，那么你就是在否认自己的真实感受。作家梅尔·施瓦茨曾说过："我们大多数人太在意别人对我们的看法。因此，我们可能会伪装或操纵我们的性格特征，以更好地确保他人不会对我们评头论足或做出负面评价。如果我开始担心别人对我的看法，那么我就操纵我的个性和沟通方式，要么主动寻求认可，要么避免不认可。"

当我开始接触情绪，而不是停留在一种固有的思维方式中，更沉重和更深邃的感觉开始浮出水面。

我从来不喜欢红玫瑰，尤其是当我得知很多小婴儿对玫瑰花过敏会导致窒息时，它让我想起了葬礼。丈夫对此一无所知，我没有提醒他，因为我不想伤害他的感情。回首往事，在我发现他出轨的那天，厨房桌子上放着一束红玫瑰，这也许昭示着

159

隐藏真实感情可能会最终导致婚姻关系的终结。

葬礼让我觉得很不舒服。我不知道该说什么，该做什么，无论怎么做都感到很不自然。我经常在想，我在面对这些事情时手足无措，像抓着手包一样紧紧抓住自己紧张的能量，这是否与我对红玫瑰的感受相关。

因为红玫瑰恰巧出现在我疗愈之旅的伊始，我觉得它们象征性地与我的康复联系在一起。在许多方面，红玫瑰象征着对失去的恐惧和我所承受的未解决的悲伤。我是对的，我对红玫瑰的感觉并不代表我的真实感受，而是对内心经历的一种反应性。这改变了我对红玫瑰的态度，与其想到葬礼，我还不如把它们理解为无法言表的情绪。

通过真实，你将感知到那些被自己深埋已久的情感。提高真实性的一个方法是停止追求完美。真心接纳不完美的人有一种把垃圾变成艺术品的能力。把不完美看成是你思想开放的标志，通过开放，你可以了解真实性和反应性之间的区别。为了强化疗愈配方，你必须时不时进行自查，问自己："这些是否是我的真实感觉？"

下表有助于帮你明确反应性表现和真实感受之间的区别。

反应性表现	真实感受
批判态度，感到害怕	开放态度，承认脆弱性
改变自己以获得别人的认可	与内在心理活动相一致
避免冲突	选择连接
在心里设防，让他人很难接近	允许透明性

在我的康复之旅中，每当要求丈夫为我处理一些事情时，我选择先调整自己（例如，改变语调）。当他拒绝我的请求时，我用一种类似小孩的腔调说："你等着，我要向治疗师告状。"之前我和丈夫针锋相对地说话让我背离真实，于是，我改变了说话语气。但这不是因为我真的感觉到了能量，而是希冀丈夫不再拒绝我的请求。当时我没有意识到这一点。

有种说法是，"假装自己成功了，然后你会慢慢发现自己真的成功了"。对于这一套说法，我其实不买账，因为我之前假装得太多了，常常压抑自己的真实感受以息事宁人，但效果却往往适得其反。你当然可以伪装，但一般情况下，别人都能觉察出来。他们知道这不是你的真实状态。更重要的是，你能骗得了自己吗？

真实意味着放松警惕，敞开心扉，让真相浮出水面，让透明度得以展现。你越真实，获得的自尊就越多。疗愈步骤会让你靠近真实，让我告诉你吧，如果你按照书中的步骤做了，你已经开始连接到自己的整个情感。

连接

母亲曾在我疗愈期间打电话给我，说与她相处时间很长的男友和她分手了，这让她很难过。她一上来就说："雪莉，他又抛弃了我。"

"妈妈，"我说，"你没发现吗？你和你妈妈的模式其实是一样的。上一分钟她希望你陪着她，而下一分钟她就忙着把你踢出家门。我们的一切都与过去相连，因此不能孤立地看问题。"然后我教她练习了七步疗愈法的前4个步骤。

母亲后来发短信说："雪莉，今天早上的谈话对我帮助很大。你真是太聪明了，谢谢你。"和母亲在一起，我已经习惯了扮演这个角色。增加情绪可接近性的一个办法是承认和接受万物皆有联系。如果你在时间上给自己设限，那么你就封锁了这个解决方法。情绪疗愈的所有步骤是根据连接的精神法则设计的，其功能不受时间限制。这其实是对你有利的，没有时间的限制，你最终将消化这一切，让他们变成你的能量。

如果你像我一样，努力摆脱父母的模式，那么你大概会从他们的错误中吸取教训。我想告诉你的是，放轻松，你和他们不一样，你有自己独特的气质和精神目标。当你否认你与他人的内在联系时，你反而抑制了自己的情感流动。

当你处于"断开"状态时，阻力就开始渗透进来，随之而来的是对你情绪的深深抑制。正是在断开的时刻，我鼓励你超越所呈现的东西。所发生的事情可能与你的过去有关，也可能源于对未来的恐惧。放松，弱化这些时间线。真王的连接状态只能通过体验"现在"才能发生。当然，拒绝和背叛会让人感觉很糟糕；当你把自己从情感流中分离出来的时候，你就是在欺骗自己。与其责备自己或他人，不如把这些"断开的时刻"看作跨越时间线和释放内心深处情感的机会。深呼吸（吸气，呼气），让我们继续。

有选择权

我所知道的是：情感上的痛苦是不可避免的，但所需承受的痛苦度是你可以选择的。当涉及情绪痛苦的持续时间、频率和强度时，你总是有选择的。抵抗（恐惧）使痛苦像其他东西一样保持活力。在整个过程中越是不断地挣扎尖叫，痛苦可能会变得越多。情绪疗愈功效的提升取决于明确自己的选择并对其持开放态度。如果想让人们关闭他们的情绪，那么让他们觉得自己在这件事上没有选择就足够了。就像一个刚学会走路的小孩子发脾气一样，你会察觉到他们承受了很大的阻力。另一方面，当你能停下来，倾听和关注自己的选择时，你的身体就会放松。当然，你可能会因为不得不做决定而有点紧张。然而，如果你没有任何选择，情况会更糟。

当你知道自己有选择的时候，你的身体会呈现自然放松的状态。这是因为能量的选择与自由意志有关，它是你生命力量的自然流动所固有的。如果你不确定自己的选择是什么，或者你太过害怕做出决定，这些步骤将帮助你净化这种不确定性或恐惧。然而，在这之前，尊重和强化你与选择的联系是很重要的。关注自己何时、以何种方式连接到内在的自我。

每次呼吸时，停下来，闭上眼睛，细嗅空气中的芬芳，都会加强这种联系。

谦逊

正确的心态是"我要如何奉献"而不是"我该做些什么"，当我们处于奉献状态时，我们分享自己的感受。然而，无意识的帮助，会随着时间的推移使你精疲力竭，耗尽推动你创造东西所需的宝贵能量。

如果你在生活中犯了一个严重的错误，告诉自己，心怀谦逊，你可以治愈这种情况。

谦逊能增强你的倾听能力，对自己负责，并乐于接受新思想。当你练习和展示这些行为时，你会发现这不仅能让自己放松，也能让周围的人放松下来。是你的安逸感让你张开双臂拥抱你的情绪。下表列出了几种你的身体对帮助和奉献的不同反应。

帮助	奉献
可能被一个人所控制	地位平等
愿意"做"	是种感受
可能带来压力	缓解压力
关注问题	关注解决问题及伙伴关系
可能导致一部分人负担过重	把大家都容纳进来

敞开心扉

当心门紧闭时我们就无法感知快乐，因为心灵是情感的通道，正是通过这种情感的流动，我们彰显自我。当你置身于大自然中、聆听音乐或拥抱某人时，你可能已经熟悉了如何打开心房。接下来的问题是如何在逆境中保持开放的心态。

我发现，很多时候我们没有善待自己的心灵，反而通过关闭心门来应对消极的人或压力。拉着脸、肩膀紧绷、胸腔收缩，这些都是抵抗的迹象。

许多人不确定如何处理这些压力源。他们没有设定明确的界限，也没有消化被触发的情绪，而是躲在情绪壁垒的后面，要么沉默，要么猛烈抨击。即使你告诉他们设定界限，停止过度关注，但是无论你怎么说，他们都不愿意设定界限，因为他们下意识地相信这样会把他们从爱中剥离出来。这些想法其实大错特错。强化边界意识是集中精力的表现，否则，注意力可能会动摇。把边界想象成聚焦在你正在创造的东西上的镜头，你可能会发现自己正从恐惧走向快乐。就我而言，我选择给自己的内心更多宽容而非一味抵抗。

饶有兴趣

你的兴趣支持你表现出的潜力。你的兴趣之所以如此重要，因为它们把你和感觉联系在一起。当你放弃感受时，诸如暴饮暴食及酗酒等问题也会接踵而来。你可能对写作、天文学或摄影感兴趣，不管是什么，都值得你去探索。

在练习七步疗愈法一年后，我开始感觉到自己的梦想。这与思考它们或希望它们成真是不同的。我真的开始觉得自己过着我一直希望的生活。我的家、我的家人、我的车，都没

有变，变了的是我的感受。多年前种植的种子开始发芽并茁壮成长。

我相信你以前尝试过很多方法，甚至可能现在还会怀疑。敞开心扉，保持好奇心，保持兴趣，你将获得力量、智慧和治愈你整个情绪的力量。想象你走进一家新开的美食餐厅，香味和氛围会让你对菜单感兴趣。我指的就是这种感觉。不要去急于知道下一步是什么，保持兴趣会让你收获惊喜。

待在你的车道上

如果你开车时，被路的另一面所发生的事情分散了注意力，你可能会不小心转向另一条车道。这会让你和他人有受伤的危险。当涉及你的情绪时，保持自己正确的方向，不要被他人的情绪带偏，这会让你受益匪浅。

一位名叫安娜·齐克的出色治疗师，也是我的朋友，向我介绍了"待在你的车道上"这句话，而且我也做到了。每当我开始干预或卷入与我无关的事情时，我都会对自己说："待在你的车道上。"当你选择意识到并重视你的情绪时，重要的是让自己从不得不承担的事情中解脱出来。让人们用他们自己的方式来处理自己的问题，哪怕是他们的处理方式与你的截然不同。

当你转向其他人的情感通道时，你可能会发现他们的反应。这是我们中断彰显自我的方式之一。我们将通过消化我们的全部情感来更好地支持他人。

学会倾听和尊重他人的痛苦，同时待在自己的车道上，这反映出你在通往创造快乐的道路上。到达那里的一种方法是寻找外部支撑。不仅仅是治疗，还有其他能鼓励你处理情绪的活动，比如唱歌、摄影、身体锻炼或参加社会团体活动。

你看，如果你把自己放在一个进退两难的境地，无论你怎么做别人都不开心，你永远都没有赢的可能，如果设置清晰的边界让你感到紧张，"释放"那一步会帮助到你。现在我希望你关注如何去帮助别人。下表列出了"处于进退两难"与"待在你的车道上"两者的几点区别。

处于进退两难	待在你的车道上
管理他人的情绪	调整到自己的频道
解决他人的问题	鼓励别人直截了当
谈论别人	不会在与一群人聊天时一直夸夸其谈
指导他人（如替别人发声）	允许别人为自己发声
有一种"我愿意做"的态度	寻求和接受帮助
为别人做陈述	置身事外

清洁提示：下载快乐

想象一个你觉得自己与之有联系的事物，这可能是你爱的项链、一个特别的咖啡杯或毯子、你的自行车，抑或是水晶。安静地坐着，闭上眼睛，想象这个物体，想象你正在触摸它，你不妨在心里大声说："愿你给我带来快乐。"然后感受你内在情绪的流动。就像电脑下载数据一样，你也在通过你与对象的关联的情感流来下载快乐。

成为情绪疗愈战士

情绪疗愈可以帮我们成为战士。你可以想象战士们手持大刀，与邪恶和毁灭做斗争。当你完成七步疗愈法之后，你会开始以不同的视角看待问题。在疗愈之前，我在生活中冒过很多险，但没有一次像现在这样。这种疗愈是迄今为止我最勇敢的旅程之一，不仅仅因为我需要面对恐惧，而且要有勇气跟随感觉，一直到找到快乐。

做一名战士与权力或控制无关。做一名战士能帮你获得抵御风暴的能力，简化你生活的机会，让你专注于真正重要的事情，让你接近你最自然的状态：快乐。

做一名战士并不要求你成为一个强悍霸道的人，想反他需要你对自己更温柔一些。它体现了一种强烈的勇气和信任感，你已经拥有了你所需要的一切。记住：没有人能把快乐从你身上夺走，包括你的母亲、父亲、老师、牧师、朋友、男朋友、老板、情人、丈夫及邻居。因为快乐是一种渗透到你内心深处的内在体验。

七步疗愈法：你的日常实践

下面是七步疗愈法的概要，你可以将其纳入自己的日常生活中。

清洁你的内在

你有四个选择：

（1）通过按摩刺激你的迷走神经。

（2）关上你的恐惧阀门。

（3）练习猫式、牛式或其他拉伸体式。

（4）搓热手掌，掌心放在额头上。

找回你的自我意识

问问自己：我现在的身体感觉如何？（不要直接回答，要用心感受。）

释放被积压的情绪

将你的意识重新定位到现在的时刻，并设定界限。

吸气，呼气时喉咙发出"嗡嗡"声，肚脐向内收，同时提起骨盆底肌。

为你的快乐按下重启键

尝试感受心脏的舒展，尝试张开"第三只眼"。当你连接到快乐时，像激光束一样向外发送能量。

成为自己内在的滋养者

我欣赏的是_____ 。（别忘了你自己）

允许一切发生

把你的快乐和情感流交给地球母亲，以求获得力量。

重塑你的内心安定

通过谈论你的感受而不是报告你的恐惧和想法的方式来建立信任。如果此时你依然在使用胸式呼吸，那么请将七步疗愈法的步骤再重复一遍。

做一名清洁者

"清洁者"是指通过练习七步疗愈法来拥抱整个情绪的人。我很期待听到我的客户说自己感觉好多了，以及本疗愈法在多大程度上改变了他的生活。同时，我也期待着你与快乐连接。

我们的一个女儿在很长一段时间内不再叫我的丈夫"爸爸"了。遗憾的是，随着女儿们慢慢长大，她们知道的比我们希望她们知道的要多。我都没注意她是从什么时候开始不叫"爸爸"的，但丈夫注意到了。"她今天叫了我两次爸爸。"他说。"什么？"我问道。"爸爸，她叫了我两次爸爸。"他重复道。也是在这样的时刻，我们会不经意地发现纯粹的快乐。

在许多方面，我的女儿们正在经历一种自己版本的情绪疗愈。通过观察我和我丈夫的历程，她们开始学会再次感到安全、连接和有价值。无论是否有人使用七步疗愈法，你都可以通过各种方式支持朋友和家人度过艰难的时期。

通过情绪疗愈来支持他人

当你处于无意识的状态时，你很容易在支持他人的时候感到沮丧。这容易让你走进情绪的死胡同。我总是告诉他们，在这个过程中，他们能做的最主要的事情就是不加评判地倾听。我明白，做到这点绝非易事。

难处在于你对这个正在经历情绪疗愈的人了解多少。你可能认识这个人有一段时间了，观察，甚至去体验他的习惯。不要用昨天的他来理解今天的他，如果你不能以一种时时更新的态度来帮助他，你就打断了情绪疗愈的进程。坚持这七步，记住以下建议：

· 倾听、倾听、再倾听。

· 让他们知道你理解他们说的话；你只想给他们一个私人、安全的谈话场所。

· 询问他们需要什么。

· 寄送卡片而不是发信息。

· 轻声说话，注意不要突兀。

· 邀请他们出去吃饭。

· 赞美和拥抱。

如果你在疗愈的过程中觉得家人和朋友不支持你，这意味着你必须更清楚地知道自己需要什么。关注自己的期望值。观察你是否在意自己是否被支持（或不被支持）以及他人如何"更好地"帮助你。同时，观察你自己，看看你是否太过关注他人的想法。问问自己，你是否正在经历（感受）你的不适或者把你的恐惧投射到别人身上了。例如，我需要跟丈夫说清楚，我需要让他说声对不起。但通过沟通，如果他安慰我的方式是坐在我旁边，默默陪伴的话，我也可以尝试接受。他在学着让我体验自己的感受，而不用目的来给自己压力。仅仅因为你需要安慰，这并不意味着你可以控制别人做事情的方式。

最重要的是，当用同情和尊重的方式来处理疗愈，这对你和你所爱的人来说都是恩赐，这是加深亲密和值得信赖的关系的途径。但请注意，如果在这个过程中你感到不舒服与被虐待

（精神或身体），请立刻停止。在任何疗愈行动开始之前，安
全和健康是首要任务。

有机生活

有机生活不是把冲突看作一个问题，而是把事情看作一种
反应。就像你在吃浆果之前会把杀虫剂从浆果上冲洗掉一样，
你需要降低你的反应水平，在与他人接触之前消化你的全部
情绪。

我有个客户曾和她姐姐吵得很凶。她们两个人的反应值都
很高。我对她说："我知道你对你姐姐的看法。闭上眼睛，深呼吸，
告诉我你的感受。当你允许自己治愈这段关系的时候，你将拥
有你想要的一切，获得你所渴望的有机生活。选择权在你。"

接受自己的反应性，而不是把路上的颠簸和伤害视为一个
问题，将能帮你与快乐更紧密。

随着反应性的消散和情感流动的增加，有机的伙伴关系成
为可能。一旦你和你的整个情绪联系起来，你就会意识到反应
性是如何导致混乱的。如此，当你看待事情时，也不会觉得是

针对你个人的。正是通过有机伙伴关系，你将自然而然地释放旧的伤口、错误和不幸，因为它们将通过你的身体得以被冲洗。

下表突显了这两者的区别。

过度处理的伙伴关系	有机伙伴关系
将焦虑和恐惧投射在彼此身上	在交谈前关注自己的反应性
匆忙的交谈	利用专门的时间交谈
关注彼此身上的缺点和不足	关注和表达对彼此的欣赏
专注于个人需求	关注彼此身上的闪光点
将情绪看作威胁	将情绪看作机遇
专注于保护	专注于治愈

分享自己的感受

我曾经开玩笑地问丈夫："你知道我最喜欢哪个咖啡杯吗？"他猜了几次未果后，我和他分享了我的感受："就是我在陶器店买的灰绿色的那个。"在知道他出轨的一年后，当我站在厨房里，在崭新的咖啡壶旁边看到了自己最喜欢的杯子。

只是这一次，那里还有一张便条，上面写着：早上好，我爱你。

快乐是简单而新鲜的，然而，它是你所能触及的最持久和最可靠的。心怀喜悦，你将能够经受住任何风暴。快乐会让你专注。信任别人，相信自己有办法，记住：爱能战胜一切！

清洁提示：每日反思

现在花点时间想想你崇拜的人，想想为什么这个人值得你尊敬？你觉得这个人有什么值得称赞的品质？如果你自己没有这些品质，你就不会钦佩他（她）了。在你内心的某个地方，这些品质和特征是存在的。如果你钦佩某人的耐心，那么耐心就存在于你身上的某个地方。同样的道理也适用于吸引你的一本书、一个节目或一门课，如果你没有能力接受它所固有的特质，你就不会为之所吸引。

当我把这最后的清洁技巧留给你的时候，你要知道你拥有了疗愈所需要的一切。你已经准备好了！

后记

> 〉
> 〉

成为你自己

深吸一口气，快乐将在你身上跳动。过一种快乐的生活意味着关注自然发生的事情，意味着选择阻力最小的路径。不要以为这条路没有挑战，否则，你将如何发现自己最伟大的特质——爱的能力？

我把韦恩·戴尔博士的思想分享给大家："记住，你的自然状态就是快乐。你是快乐和爱的产物，体验这些感觉是很自然的。当你认为悲伤、焦虑，甚至沮丧是常态时更要提醒自己——我来自和平和快乐。为了实现我的梦想和愿望，我必须与我的梦想和愿望保持和谐。"

后会有期。

谢里安娜·博伊尔